U0146903

奇特的一生

ЭТА
СТРАННАЯ
ЖИЗНЬ

〔俄〕达尼伊尔·格拉宁 著

李春雨 译

四川文艺出版社

果麦文化 出品

目　录

第一章

柳比歇夫其人

　　这本书要讲述一个人。在讲述的过程中，我很想做到既遵循事实，又生动有趣。以上两点很难兼顾。须知，事实最有趣之处，恰恰出现在不必严格遵循它之时。自然，可以尝试找到某种新颖的手法，以事实构建引人入胜的情节，有悬念，有斗争，风云诡谲，危机四伏，同时又要真实可信。

　　比如，不妨将此人塑造为铜铸铁打的孤胆英雄，单枪匹马对抗众多敌人。一个人对抗全世界，不，最好是全世界针对一个人，因为不公将立刻引发同情。可事实上恰恰是前者——一个人对抗所有人。是他率先猛攻，击溃对手。其学术斗争的意义相当复杂，富于争议。那是真正的学术斗争，任何参与者都无法做到彻底正确。我当然可以自由发挥，为他安排些简单的问题，但如此一来就不便再使用主人公的真实姓名了，其他很多姓名也要一并抹去，那样的话，也就没有人会相信我了。除此之外，我还很想对此人给予应有的评价，向人们展示一个人可以做到何种程度。

自不待言，真人真事妨碍了写作，缚住了作者的双手。相比之下，描写虚构人物则轻松得多：虚构人物既随和又坦诚，作者知晓他的一切想法和意图，过去和未来。

作者还有一项任务：向读者详细描写、努力灌输一切有益的信息，这些信息无疑是令人震撼和惊奇的，但可惜的是，它们并不适合文学作品，倒更适合科普读物。试想一下，若在《三个火枪手》正当间插入冗长的击剑介绍，将会是何种光景，读者肯定会把它跳过去的。而我恰恰需要读者耐心读完我的此类介绍，因为这正是最主要的部分……

我还希望，能有尽可能多的人了解这个人，归根结底，本书正是为此而写。

悬念这把小钩子同样可以大加利用。设置悬念、承诺揭秘向来能够吸引读者，何况本书的秘密绝非杜撰。我的确为主人公的海量日记和文献档案绞尽了脑汁，它们也的确让我有了诸多新发现，帮助我破解这奇特的一生的秘密。

实话实说，这一秘密既与历险和追缉无关，也不牵涉阴谋与危局。

其奥义乃是如何度过仅有一次的生命。

为了激发读者的好奇心，我满可以宣布：本书介绍的正是关于人生规划的最佳参考案例，提供了独一无二的生活方法。

"本方法能让您在任何领域、任何职业收获巨大成功！"

"本方法可助能力平平者获取最大成就！"

"本方法毫不抽象，而是经过数十年实践论证的可靠方法，切实可行，富于成效……"

"最小的成本，最大的成果！"

"举世无双！……"

我还可以向读者承诺，本书将讲述一位他们并不熟知的20世纪的杰出人物，为他们呈现这位主人公的道德肖像，其道德品质如此崇高，以至现在看来甚至显得有些过时。他的一生表面上再寻常不过，在某些方面甚至是不走运的，以世俗的眼光来看，他是个典型的倒霉鬼。但就内心而言，他是和谐而幸福的，而且其幸福的成色是最足的。老实说，我原本以为，如此广博的人早就跟恐龙一样绝迹了……

如同探险家发现新大陆，天文学家发现星辰，作家有幸发现了文学典型:冈察洛夫发现了奥勃洛摩夫[1],屠格涅夫发现了巴扎罗夫[2],塞万提斯发现了堂吉诃德,所有这些无不是对于性格和气质的伟大发现。

本书的主人公同样是我的一个发现,但与其说是普遍性的典型,莫如说是我个人发现的典型。甚至也算不上典型,倒更像是个理想人物……不,"理想人物"这个字眼用在本书主人公身上同样不贴切。

我坐在一间并不舒适的大教室里,赤裸的灯泡明晃晃地照在人们头顶:白发,秃顶,溜光的大背头,蓬乱的长发,时髦的假发,以及黑人们的鬈发。这其中有教授、大博士[3]、研究生、大学生、记者、历史学家、生物学家……最多的是数学家,因为这次会议正是数学系举办的——亚历山大·亚历山德罗维奇·柳比歇夫逝世一周年纪念会。

我没有料到会来这么多人,特别是青年人。他们或许是出于好奇才来的,因为他们对柳比歇夫并不熟悉,不知道他是

---

1 伊·亚·冈察洛夫(1812—1891),19 世纪俄国批判现实主义作家,他所创作的奥勃洛摩夫形象是消极避世、意志薄弱、身心懒惰的代名词。(本书脚注如无特别说明,均为译者注)

2 俄国作家屠格涅夫(1818—1883)长篇小说《父与子》中的子辈代表人物,一位平民知识分子、狂热的虚无主义者。

3 苏联学位制度,在俄罗斯沿用至今,俄文为"доктор наук",比我国的博士(俄文为"кандидат наук")要高一级。

生物学家，还是数学家。他是博学多才者，还是业余爱好者？似乎是个业余爱好者。可业余爱好者又如何，费马[1]不也是业余爱好者吗？那柳比歇夫的哲学观点呢？他是活力论者，还是实证论者、唯心论者？总之，是个持异端者。

那么多的报告人，同样没能给出明确答案。有人说他是生物学家，有人说他是科学史学家，又有人说他是昆虫学家，还有人说他是哲学家……

每一位报告人口中都会涌现出一个新的柳比歇夫，每个人对他都有自己的判断和评价。有人说他是革命者、反叛者，对进化论和遗传学的基本原理发出挑战；有人则称他为最温善的俄国知识分子，对自己的论敌抱有无穷无尽的耐心。

"……他善于从一切哲学思想中汲取鲜活的批判性和创造性思维！"

"……他的力量在于源源不断地产生新思想，他向人们发问，刺激人们思考！"

"……正如一位伟大的数学家所说：天才的几何学家提出定理，杰出的几何学家给出证明。而他正是提出定理的人。"

"……他的精力太过分散，他应当专注于分类学，而不该

1　皮·德·费马（1601—1665），法国律师、业余数学家，以"费马定理"著称于世，被誉为"业余数学家之王"。

在哲学问题上浪费时间。"

"……柳比歇夫是创造性精神专注而执着的典范，他终其一生都坚持不懈……"

"……数学家的天赋决定了他的世界观……"

"……对哲学的广泛涉猎促使他重新审视物种起源问题。"

"……他是唯理论者！"

"……活力论者！"

"……天马行空的幻想家，直觉论者！"

他们每个人都与柳比歇夫相识多年，熟知他的论著，但每个人讲述的柳比歇夫都与别人讲述的不同。他们当然早就知晓柳比歇夫的多面性才能，但直到眼下，听了彼此的讲述，他们才意识到自己先前对柳比歇夫的了解恰似盲人摸象。

在此之前，我花了一个星期的时间翻阅他的日记和通信，梳理他的思考史。起初我漫无目的。无非是别人的书信，无非是对他者心灵及往昔忧虑与愤怒的见证。这些情感我也曾有过，我也曾这样思考过，虽然没能想出个结果……

但很快我便确信，我并不了解柳比歇夫。虽然我跟他是认识的，还见过好几次面，知道他是个难得的人才，却没有料到其精神世界竟如此浩瀚。我不得不惭愧地承认，我之前将他当成了怪人，一个聪明可爱的怪人。我为自己错过了那么多与之交往的机会而痛心。有过好几次，我本想去乌里扬诺夫斯克找他的，最后都没去成，总觉得来日方长。

生活曾无数次教导我：莫拖延。仔细想来，生活其实是个极有耐心的管家，它一次又一次地安排我与同时代最杰出的人会面，我却总在忙忙叨叨，借故拖延，以致失之交臂。我在拖个什么，又在忙个什么？如今，那些忙碌显得如此微不足道，损失却如此令人痛心，最关键的是无法弥补。

坐在我身旁的大学生困惑得直耸肩膀，实在无法将所有这些相互矛盾的讲述整合到一个人身上。

柳比歇夫去世才不过一年，但已经无从确定他是何许人也了。

逝者属于众人，这是无可奈何的事。每一位报告人都从柳比歇夫身上挑拣自己欣赏或需要的品质作为理由和论据，每个人在讲述时都会编排自己的情节。年复一年，从众人的描述中会呈现出某种中性的、折中的肖像，抹除了矛盾和迷雾，磨平了棱角，以致难以辨认。

这个折中的人物将被解说，被定义，人们会指出他在哪些地方犯了错，又在哪些方面走在了时代之前，好让他变得完全可以理解，但却不再鲜活生动。

当然，假如他肯乖乖就范的话。

讲台上方挂着一幅镶有黑框的大照片，一个秃顶老头儿，皱着大鼻子，搔着后脑勺。他一脸的疑惑，不知道是在望着教室，还是在看着发言人，似乎在寻思着怎么再折腾一回。很显然，所有这些睿智的发言和议论，都跟这个老头儿再无任何关系了，无论人们如何需要他，都再也见不到他了。我自己同样过于依恋他仍然健在这一想法，只要一想到有那么一个人，我可以跟他谈论任何事，向他寻求任何答案，心里就觉得踏实。

人一去世，很多事便水落石出了，对逝者的态度也就盖棺论定了。我从报告人的发言中感受到了这一点，他们的发言中透着确定。在他们看来，柳比歇夫的一生已然完结，他们试图对其通盘考量，给出结论。如今，柳比歇夫的很多思想终于得到了承认，他的很多著作即将出版或再版。说来奇怪，逝者似乎总比生者拥有更多的权利和机会……

我也可以这样做：预先提醒读者，本书并不引人入胜，相反，只是一部干巴的、严肃的纪实散文，甚至连散文都算不上。作者并没有挖空心思地雕琢润色，以取悦读者。本书的写作令作者无所适从，那些素材令他感到棘手。他只好尽己所能地去讲述，至于个中原因，将在本书结尾处给出交代。

▷

第二章

奇特的爱戴

柳比歇夫拥有无数的崇拜者，其狂热程度早就令我诧异。他们对柳比歇夫的形容也并非头一次显得过甚其词。每次柳比歇夫到列宁格勒，总会受到热烈的欢迎与接待，身旁总簇拥着一大群人。各种专业和领域的研究所都争先恐后地请他去做讲座。到了莫斯科同样如此。关键是这些人既非爱凑热闹的看客，也不是一门心思发掘未知天才的记者（的确有这样的公众），恰恰相反，都是些从事精密科学的严谨学者和年轻博士。这些人都是怀疑派，较之于树立权威，他们更渴望推翻权威。

他们怎么会看得上柳比歇夫？他无非是个从乌里扬诺夫斯克州来的外省教授嘛，既没有拿过什么大奖，也不是全苏最高学位评定委员会成员……因为他的学术著作吗？不错，那些著作的确广受好评，可比他名气大的数学家、比他贡献多的遗传学家也不是没有啊？

因为他的博学吗？不错，他学识渊博，但在当今时代，博学只能引发惊叹，却无法令人折服。

因为他的原则性？勇气？没错，可是……

至于其专业研究，我个人能够评判的少之又少，而绝大部分人同样不甚了了……没错，柳比歇夫发现了判别三类"海托克涅姆"的最佳方法，可这跟他们有什么关系？我直到今天都不知道"海托克涅姆"是什么东西，对于判别函数更是一窍不通。尽管如此，与柳比歇夫为数不多的几次会面仍给我留下了深刻印象。我扔掉手头的工作，追随他的脚步，一连几个钟头聆听他那语速极快、发音古怪、难于辨认（一如他的笔迹）的讲话。

人们对他的奇特爱戴和狂热兴趣，令我想起了那些伟大的学者，诸如尼古拉·弗拉基米罗维奇·季莫费耶夫-列索夫斯基[1]，列夫·达维多维奇·朗道[2]以及维克多·鲍里索维奇·什

---

1 尼·弗·季莫费耶夫—列索夫斯基（1900—1981），苏联生物遗传学奠基人。

2 列·达·朗道（1908—1968），苏联物理学家，1962年凭借液氦研究荣膺诺贝尔物理学奖。

克洛夫斯基[1]。只不过，当面对这些人时，我知道我面对的是举世公认的非凡天才，但柳比歇夫并没有这般偌大的名头。我眼前的柳比歇夫没有任何光环，倒像个衣着寒酸、臃肿难看的糟老头子，对各种文坛逸事抱着外省人的浓厚兴趣。他，凭什么折服众人？

起初会觉得，人们是被他的标新立异所吸引。他的一切见解都近乎离经叛道，他善于对最不可动摇的原理提出疑问。他不惧挑战任何学术权威——达尔文、季米里亚泽夫、皮埃尔·泰亚尔·德·夏尔丹、薛定谔……而且永远有理有据、出人意表，发人之所未发。显然，他从不拾人牙慧，一切都是他自己的原创，经过了他的深思熟虑，反复验证。他连说话都自成一格，一贯使用词汇的初始意义。

我是个什么人呢？我是个"业余者"[2]，跨界的"业余者"。这个词其实源自意大利文"diletto"，意思是"愉悦"，就是那种能从任何工作中获得愉悦的人。

1　维·鲍·什克洛夫斯基（1893—1984），苏联文艺学家、作家，俄国形式主义学派的创始人和领袖之一。

2　原文为"дилетант"，指未经专业学习而从事专业活动之人，通常带有贬义色彩。

标新立异只是表象，其背后隐约可见某种非同寻常的世界观体系，一座高耸入云的宏伟建筑的轮廓。这座建筑虽未竣工，其造型却如此奇特而诱人……

不过，这仍不足以说明问题。此人身上还有些别的什么令我折服。不仅仅是我，向他求教的人里面有教师，有囚犯，有院士，有艺术理论家，还有更多的人我并不知道其身份。我没有看过他们的来信，只读过柳比歇夫给他们的回信——翔实可靠，自由不羁，郑重其事，偶尔妙趣横生，但从不自恃身份，有的只是紧张的思索。看这些信，能感觉到写信人的与众不同和特立独行。这些信件让我更加明确了自己的感受。较之于面谈，柳比歇夫在书信中显然更能够畅所欲言，至少我是这么认为的。

难怪他几乎没有弟子。不过，别开生面、创建学说的大学者大多都是这样。爱因斯坦没有弟子，门捷列夫没有弟子，罗巴切夫斯基[1]也没有弟子。创立学派、广收门徒本就并非常有之事。柳比歇夫有其崇拜者，有其追随者，有其拥趸和读者，但他没有受业弟子，只有私淑弟子——他并没有教过他

1　罗巴切夫斯基（1792—1856），俄国天才数学家，非欧几何创始人之一。

们，是他们自发地向他学习。具体学习什么很难说清，应该是学习如何生活和思考。人们似乎好不容易找到了这样一个人，他明白自己因何而活，为何而活……他似乎拥有崇高的目标，甚至可能揭示了自我存在的意义：不只是清清白白生活，勤勤恳恳工作，不是的，他洞悉一切自我行动的隐秘意义。不言而喻，这仅仅适用于他自己。阿尔贝特·施韦泽[1]并未呼吁任何人援医非洲，他只是找到了属于自己的路、践行自我原则的方式，但他的身体力行却触动了人们的良心。

柳比歇夫也有其历史，这一历史的脉络并不清晰，大部分像块茎一样深埋地下。这些块茎直至今天才慢慢显露，其存在却一直令人感受得到。不管怎么说，人类的智力和灵魂拥有独特的辐射特性，能够穿透行动，穿透言论，穿透一切已知的物理法则。灵魂越卓越，给人的印象就越强烈……

---

1 阿·施韦泽（1875—1965），德国哲学家、神学家、医学家、社会活动家、人道主义者，1952年获诺贝尔和平奖。

第三章

叫人惊叹的一生

连亲友们都没料到，亚历山大·亚历山德罗维奇·柳比歇夫的学术遗产竟如此庞大。

他生前出版了近 70 部学术著作，其中不乏方差分析、分类学、昆虫学等诸多领域的经典著作，在国外被广泛译介。

而他撰写的各类文章、报告总计 500 多个印张，约合12500 页机打稿。即便对职业作家而言，这个数字也足够庞大了。

在科学史上，欧拉、高斯、亥姆霍兹[1]、门捷列夫等人也都曾留下丰富遗产。这样的高产总让我觉得是个谜。不过，古人

---

1 赫·冯·亥姆霍兹（1821—1894），德国物理学家、生理学家、发明家，能量守恒定律的提出者。

的确写得多，这点看似无法解释，却又自然而然。反观当代学者，著作等身则是罕见乃至奇特的现象。就连作家，似乎都比从前写得少了。

柳比歇夫的遗产涵盖众多门类，其中既有跳甲分类、科学史、农业学、遗传学、植物保护、哲学、昆虫学、动物学、进化论等诸多领域的学术著作，又有对众多科学家的回忆录，关于彼尔姆大学的记述，等等。

他同时还在大学任教，担任教研室及系部主任，经常外出考察。20世纪30年代，为了研究食叶害虫、蛀茎害虫、黄鼠……他走遍了俄罗斯欧洲部分的所有集体农庄。在所谓的"业余时间"，他研究跳甲分类，以此作为"休闲"。单是这一项工作的体量便极为惊人：截至1955年，柳比歇夫捕捉的跳甲多达35箱，共计13000只，300种，其中有5000只雄性跳甲做了器官切片。所有跳甲都经过了分类、测量、做切片、写标签。他一个人采集的标本量是整个动物研究所的6倍之多！跳甲分类研究贯穿了他的一生。这需要潜心深入的独特才能，需要理解这些工作的价值及其难以穷尽的创新意义。当有人问著名的组织学家涅夫梅瓦卡，他怎么会化一辈子去研究蠕虫的构造时，他惊讶地说："要知道，蠕虫那么长，人生却那么短！"

柳比歇夫的研究既深且广，他既是一名细化领域的专家，又是一位博学的通才。

其学识之渊博难以估量。谈及英国君主制，他能对历任国王的执政情况如数家珍；说到宗教，他能就《古兰经》、犹太法典、教皇史、路德学说以及毕达哥拉斯思想侃侃而谈。他通晓复杂变量、农业经济、费舍尔的社会达尔文主义、古希腊罗马文化……上帝知道还有什么。这绝非他有意卖弄博学，或者死记硬背，又或是记忆力超群，他对这些知识的获取都是有其原因的，下面就会讲到。当然，他的坐功也是极好的。须知，埋头苦干正是某些天才的特质，而在昆虫学这种专业更是普遍而必需的。连柳比歇夫自己都打趣说，像他这类学者，照相不该照脸，而该照屁股。

根据列夫·贝格[1]、尼古拉·瓦维洛夫[2]、弗拉基米尔·尼古拉耶维奇·别克列米舍夫[3]等权威专家的评价，柳比歇夫的著述价值极高。如今，他的某些思想已经从"异端"变成了"争

1　列·贝格（1876—1950），苏联鱼类学家、地理学家、进化论者，苏联地理学会主席、苏联科学院院士。

2　尼·瓦维洛夫（1887—1943），苏联遗传学家、植物学家、育种家、化学家、地理学家，苏联科学院院士。

3　弗·尼·别克列米舍夫（1890—1962），苏联动物学家、生物群落学家，苏联医学科学院院士。

议",另外一些则从"争议"变成了"无疑"。对于他的学术声望乃至学术功勋,完全不必多虑。

但本书无意科普柳比歇夫的学术思想及其建树。我最感兴趣的是,作为我们的同代人,柳比歇夫一辈子怎么能干了这么多事,产生了那么多思想。他于82岁去世,在生命的最后几十年,其工作效率和思想产能不减反增。问题并不在于数量,而在于他是如何做到的,用了什么方法。这一方法正是柳比歇夫最令我好奇的一项发明。这是他的独创,独立存在于其一切著作和研究之外。表面看去,这单纯是技术层面的方法论,但在漫长的数十年间,它逐渐获得了某种道德力量,几乎变成了柳比歇夫生命的骨架,它保障了最高效的工作力和最旺盛的生命力。

道德没有计量单位,即便对于那些永恒而普遍的范畴(诸如善与恶,仁慈与残忍),我们也时常稀里糊涂、无从对照,分不清谁是真正的善良,谁只是没有坏心眼儿;不知道何谓真正的正派,也搞不清楚这些品质的标准究竟何在。柳比歇夫则不然,他不仅身体力行过着合乎道德的生活,而且似乎对道德有着某种自我设定的精确标准,而这同样与其生活方法密切相关。

第四章

独一无二的日记

早在柳比歇夫生前，其文献档案之规模便令所有观者感到震惊——那些编了号码、装订成册的资料多达几十册、数百册，其中包括学术通信、事务信函、著作纲要（生物学、数学、社会学）、日记、论文、手稿、回忆录、其夫人奥莉加·彼得罗夫娜·奥尔利茨卡的回忆录（她对这些资料的整理花费了不少时间）、记事本、札记、学术报告、照片……

他的所有信件和手稿全部机打备份，装订成册，但这并非出于虚荣或者传诸后世的打算，完全不是。大部分档案资料都是他本人经常要用到的，包括其个人信件的副本，因为这些信件十分独特，我们之后还会讲到。

柳比歇夫的档案资料从各个角度定格并记录了他的工作

和生活。将数十年间的全部文件、资料、通信、日记通通保存下来，这我还是头一次见。对一位传记作者而言，再没有比这更大的奢望了。柳比歇夫的一生可以得到全方位的复现，每一年，每一天，甚至每一个小时都能够还原。从1916年开始记日记以来，据我所知，柳比歇夫从无一日中断，无论是在革命期间还是在战争年代，无论是躺在病床上还是坐在外出科考的火车上，总之，竟然没有任何原因、任何事件、任何情况能够阻碍他在日记里写上几行。

被列夫·托尔斯泰和陀思妥耶夫斯基共同奉为俄国天才思想家的尼古拉·费奥多罗夫[1]，曾经幻想过人类复活。他不愿接受哪怕一个人的死亡。在众多科研中心的帮助下，他试图收集分散在各地的分子和原子，以"组合成先辈的身体"。在这种异想天开的仁爱思想中，包含着对于死亡的狂热抗议，他不愿与死亡妥协，不肯臣服于大自然这一盲目的消解性力量。若按照费奥多罗夫的理论，那"复活"柳比歇夫不仅是完全可能的，而且比"复活"任何一个人都要更容易、更精确，因为对此我们拥有海量的相关材料，或者说拥有海量的参数。柳比歇夫在时间与空间中的一切坐标几乎都能复原——何年何月何日

1　尼·费奥多罗夫（1829—1903），俄国宗教思想家、哲学家、未来学家，俄国宇宙论鼻祖。

他在何地，干了什么，读了什么，见了什么人。

在他的全部档案资料中，最令我感兴趣的自然是他的日记。

日记总能对作家构成吸引力，因为它能够触及他人心灵的隐秘存在，追踪其历史，以其目光注视时间。任何一本日记，只要是年复一年用心记下来的，其本身就是珍贵的文学事实。赫尔岑[1]曾说："每一个生命都是有趣的，或是因其个性，或是因其所处的环境、国家，或是因其生活……"日记所需要的仅仅是诚实、思考和毅力。文学才能甚至会妨碍目击者的客观见证。但不知为何，朴实无华、普普通通的生活日记如此之少，往往要到很多年后，人们才蓦地发现，对于那些历史性的、全民性的、在所有人眼皮子底下发生过的、曾经主导了成千上万人命运的重大事件，同代人的记述竟如此贫乏、如此简略。就拿列宁格勒大围困[2]来说吧，最不可或缺的日记文献只有屈指可数的几部。当然，肯定有些日记被损毁或者遗失了，但记日记的人本身就少，这才是不幸所在——日记永远是不够的。

柳比歇夫的日记同样未能全部留存，他1937年以前的大

---

1 亚·赫尔岑（1812—1870），俄国哲学家、作家、革命家，俄国社会主义之父。

2 "二战"期间，德军对列宁格勒实施铁钳围困，长达近900天，数十万居民冻饿而死。

部分文献资料都在基辅战役中散佚了，其中也包括日记。仅有第一卷日记得以幸存，那是一个大记账簿，里面是漂亮的机打稿，红蓝两色字体，始自 1916 年 1 月 1 日。1937 年以后直至临终前的日记则被装订成了厚厚的几大本，但用的不再是账簿，而是作业本，先缝合，再装订，都是自己动手做的，虽不美观，却很结实。

我前前后后地翻看着那些日记，1960 年、1970 年、1940 年、1941 年——千篇一律。唉，这哪是什么日记！无一例外的是对当天活动的简要列举，而且每一天都以小时、分钟和一些令人费解的数字做了评估。再去翻看战前的日记，同样如此。没有描写，没有细节，没有思绪——通常构成日记血肉的那些东西通通没有。

1964 年 4 月 7 日，乌里扬诺夫斯克

系统昆虫学：	
绘制两幅不明种类袋蛾图片	—— 3 小时 15 分钟
鉴定袋蛾	—— 20 分钟
（1.0）	
附加工作：	
给斯拉瓦写信	—— 2 小时 45 分钟
（0.5）	

社会工作： 植物保护工作组会议	—— 2 小时 25 分钟
休息： 给伊戈尔写信 《乌里扬诺夫斯克真理报》 列夫·托尔斯泰《塞瓦斯托波尔故事》	—— 10 分钟 —— 10 分钟 —— 1 小时 25 分钟
主要工作合计：	—— 6 小时 20 分钟

1964 年 4 月 8 日，乌里扬诺夫斯克

系统昆虫学： 袋蛾鉴定收尾 袋蛾报告开写 （1.0）	—— 2 小时 20 分钟 —— 1 小时 05 分钟
附加工作： 给达维多娃和布里亚赫尔写信，6 页 （1.0）	—— 3 小时 20 分钟
路途往返：	—— 0.5
休息： 刮胡子，《乌里扬诺夫斯克真理报》 《消息报》 《文学报》 阿·托尔斯泰《吸血鬼》，65 页 听里姆斯基-科萨科夫《沙皇的新娘》	—— 15 分钟 —— 10 分钟 —— 20 分钟 —— 1 小时 30 分钟
主要工作合计：	—— 6 小时 45 分钟

几十页、数百页看下来，全是这种五到七行的流水账。这便是柳比歇夫的日记，至少第一次翻看时我这么觉得。

其实，看到这儿就该把它们放下了。没有任何理由再为此浪费时间，从这些乏味的列举中不可能提取任何情绪或者饶有趣味的片段，其语言单调无色，内容毫无私密可言，几乎完全剔除了悲伤、兴奋、幽默等一切感情色彩，偶尔闪现的一两处细节也像电报一样干巴巴的：

> 傍晚，舒斯托夫一家三口来访。
> 病后虚弱，整日在家。
> 下了两场雨，没去游泳。

再读下去已无任何意义。

末了，出于好奇，我又浏览了伟大卫国战争初期的记录：

> 1941 年 4 月 24 日，基辅。与德交战第一天。13 时许得知。

接下来，又恢复了流水账模式：

1941 年 6 月 23 日。防空警报差不多响了一整天。生物化学研究所集会。值夜班。

1941 年 6 月 26 日，基辅。9—18 时在动物学研究所值班。研究诺模学，写报告。值夜班……总计 5 小时 20 分钟。

就连送儿子上前线（先是大儿子，再是小儿子）的记录，都同样不露声色。1941 年 7 月，他携妻子及孙子搭乘轮船从基辅疏散。在轮船上，他以雷打不动的简洁记录道：

1941 年 7 月 21 日。"科托夫斯基号"轮船遭遇德机轰炸和机枪扫射。船长和另外一名大尉军官牺牲，四人受伤。一侧明轮受损，故未停靠伯格鲁奇，直接开往克列缅丘克。

战争初期的接连惨败和 1941 年冬天的最初胜利，几乎未在他的日记中得到任何反映。牵动全国的事件似乎并没有触动他。1945 年 5 月的胜利日、战后的生活恢复、票证取消[1]、农业困难……通通未被记入日记。在那些年，学术辩论及非学术论战接连不断，生物学战线上更是血雨腥风，柳比歇夫从未逃避或者躲藏，时常被卷入斗争中心。他被撤过职，挨过整，受过威胁，可另一方面，他也有过胜利、节庆和家庭喜事。然而，这一切的一切通通未在其日记中留下任何痕迹。别人倒也罢了，可柳比歇夫是最了解农业的呀，他深知战前战后的农村发生了什么，他还把情况写进了报告和论文，但在自己的日记中却只字未提。柳比歇夫本人极富同情心与公民意识，他的日记却数十年如一日保持着公文式的冷静和会计报表式的精确。从这些日记来看，似乎什么都无法破坏他所设定的工作节奏。倘若我并不了解柳比歇夫，我大概会觉得他是个心理上的聋子，完全不问世事，灵魂麻木不仁。但我恰恰了解他，因此就更加诧异，更想要弄明白，他一连数十年如此细致地记录这些有什么意义。暂且不论它到底算不算日记，姑且说它是时间和事务账目吧，可这样的账目又能带给他什么呢？凭借如此简短的记录是不可能复现回忆的。好吧，舒斯托夫一家来做客了，然后呢？这些记录的目的不在于提醒，其中也并无暗码密语。它们

1　1947 年 12 月 16 日，苏联取消粮票和工业品票，引入统一零售价，开始实行开放式买卖。

也并非用来阅读的，更不是给外人读的。而这恰恰是最奇特的。要知道，哪怕是最最私密的日记，也总会在潜意识的某个角落，在灵魂的地平线之外，期待着自己的读者。

假如这不是日记，那又是什么？又为了什么？

如今看来，当初那些苦思冥想的推理未免显得滑稽，连我自己都觉得自己是个榆木疙瘩。我相信，事情总是这样的：任何一个哪怕最最天才的发现，倘若把它诞生之前的推理一一罗列出来，那其中的种种愚蠢而荒谬的可笑揣测一定会多到令人吃惊。

记日记原本就没有一定之规，何况这还不是日记。柳比歇夫本人从没说过这是日记。他管它叫"时间核算"。就像会计账簿一样，他按照自己的方法，对消耗的时间进行核算。

我注意到，每个月末他都做了总结，绘制了图表和表格。同理，每年度末则以月度总结为基础，制定年度总结，绘制汇总表。

图表画在方格纸上，用铅笔横七竖八画了各种线，旁边还标注了一些数字，有加有乘。

这些都是什么意思？没人可以询问。柳比歇夫从未向任何人透露过自己的核算方法——这绝非他有意保密（他常把自己的年度总结寄给朋友们，但那里面只有结果和总数），大概是他认为具体操作无关紧要吧。

乍一看去，其核算方法可以理解为当日工时统计。晚上睡觉之前，坐下来，算算今天都干了些什么，各自花了多少时间，然后算出主要工作总共花了多少时间。按理说，这有什么难的呢？但问题随即接踵而至——什么算"主要工作"？何必还要统计其余耗时，并且如此精细？这种工时统计又有何用？不同事务后面标注的 0.5 和 1.0 又是何意？等等。

除此之外，还有一个问题：这一方法值得研究吗？有必要探究其种种微妙之处，寻找这些问题的答案吗？何必呢？……我一面心存疑虑，一面却又不能自拔，绞尽脑汁地试图破解个中奥秘。我隐约有种预感，这似乎关系到我自己的生活，这个预感让我无法将这些日记搁置一旁。

第五章

关于时间与自我

　　哦，鲁基里乌斯，一切都不是我们的，而是别人的，唯独时间是我们的私产。大自然交由我们掌控的只有这一样流动不居的东西，但即使是它，任何人只要愿意，随时都能从我们这儿拿走……人们毫不珍惜别人的时间，尽管它是唯一一样无论如何都无法找回的东西。你也许会问，我这样教导你，那我自己又是怎么做的呢？我要说，我就像个爱花钱却从不乱花钱的人，对每一笔支出都会记账。我不敢说一点儿都不会浪费，但总能做到心中有数，花了多少，怎么花的，为什么花的。

由塞涅卡[1]的上述记录可见，早在他所处的公元50年，科学工作者们（塞涅卡完全算得上科学工作者）就已经开始记时间账了，并且努力节省时间。古代哲学家们最早意识到了时间的价值，早在塞涅卡之前，他们便曾试图羁縻时间、驯服时间，了解时间的本质，因为时间的迅速流逝令其深感苦恼。

然而，今天的我们自负地坚信，古人的时间多得没处打发。既然古人的日晷、水漏、沙漏……通通无法精确计量时间，那么想必也不会去珍惜它。须知，在实干家们看来，进步的真谛就在于节省时间。为了节省时间，人们从马车跳上了火车，又从火车坐上了飞机。电报电话取代了书信，电视取代了剧场，拉链取代了纽扣，圆珠笔取代了鹅毛笔。电梯、电脑、百货商店、电传机、电动剃须刀——这一切的发明都是为了帮助人们节省时间。但不知为何，时间反而越来越不够用。人们提高了速度，引入了电子计算机，将百货商店变成自选超市，将报纸改为影印，连说话都尽量简洁，字也都不用手写了，时间的亏空却与日俱增。不仅对于实干家是如此，对于任何人来说时间紧缺都是一种普遍现象。没时间留给朋友，没时间写信；没时间陪伴孩子；没时间思考；没时间站在秋天的

---

1 塞涅卡（约公元前4—公元65），古罗马政治家、斯多葛派哲学家、悲剧作家、雄辩家。这段引文出自《塞涅卡道德书简：致鲁基里乌斯书信集》。

树林里，放空思想，倾听纷飞的落叶窸窣作响；没时间读诗；没时间给父母扫墓。小学生没时间，大学生没时间，老人也没时间。也不知道时间都去哪儿了，反正是越来越少了。手表不再是奢侈品，每个人都戴着精准校对过的手表，每个人都有闹钟，但时间并未因此增多一分一秒。时间的分配几乎仍和两千年前一模一样，就像塞涅卡所说的："我们的一大半生命花在了错误和坏的行为上，很大一部分在无所事事中流逝，几乎整个生命都没有用在该做的事情上。"刨去花在工作上的时间，这句话同样适用于今天。两千年来，人们对于自由时间、物理时间、宇宙时间，对于如何节省时间、如何合理支配时间做了大量研究。我们既无法让时间倒流，也无法将富余的时间储存起来，随用随取。倘若时间可以储存，那倒是方便得很，因为人们并不总是需要时间的。有时候时间完全没处用，却又不得不打发，只好随便消磨，干各种无聊的事情。更有甚者，对某些人来说，时间成了无从搁置的负累。

众所周知，"幸福的人从不看表"[1]，以此而论，从不看表的人就是幸福的。然而，柳比歇夫却平白无故、自主自愿地挑起了"看表"这个不幸福的担子。

---

1 出自俄国剧作家亚·谢·格里鲍耶陀夫（1795—1829）的著名讽刺喜剧《智慧的痛苦》（*Горе от ума*，1824，又译《聪明误》）。

柳比歇夫的女儿说，小时候，每次她跟弟弟来到父亲书房问东问西，父亲总会一面耐心地回答姐弟俩的提问，一面不时在纸上做些标记，回回如此。很久以后她才知道，父亲那是在记录时间。他总在给自己计时。自己的任何举动，包括休息、看报、散步，他都会以小时和分钟为单位记录下来。他这么做是从1916年1月1日开始的。那年他26岁，在部队的化学委员会，师从著名化学家弗拉基米尔·尼古拉耶维奇·伊帕季耶夫。那天是元旦，正是人们发誓改掉旧毛病养成新习惯的日子，柳比歇夫便也就此立誓。

前面说过，他的第一本日记保存了下来。里面的统计法尚显粗陋，日记内容也有所不同，充满了思索与观感。随着时间的推移，统计法逐渐成形，在1937年的日记中已经相当成熟。

从1916年直至1972年去世当天，整整56年的漫长时间里，柳比歇夫一丝不苟地记录着时间的开支，从无一日中断，包括儿子牺牲那天。正如时间之神克罗诺斯手中的镰刀从未停止过挥舞。

柳比歇夫如此恪守自己的方法，本身就是一种罕见现象。而这些日记的存在大概也是绝无仅有的。

数十年如一日地不间断追踪，无疑令柳比歇夫产生了独特的时间感受，在常人机体深处运作的生物钟，在他这里则变成了感觉和知觉器官。我之所以这么说，是因为我和他的两次交谈都被他准确地记录了时间——"1时35分"和"1时50分"，而在交谈过程中他当然并没有看表。当时我们一起散步，我为他送行，而他以某种"内视"看到了指针在表盘上的疾走。时间的流动对他而言是可触可感的，他仿佛站在时间之河的中央，感受着时间的冷流。

在翻阅《论数学在生物学领域的应用前景》一文的手稿时，我在尾页看到了这篇论文的"成本"：

准备（列提纲，查阅手稿及文献）	—— 14 小时 30 分钟
写作	—— 29 小时 15 分钟
总计	—— 43 小时 45 分钟

8天，1921 年 10 月 12—19 日

如此看来，早在 1921 年他就已经在对工作用时进行核算了。

关键是他很擅长这么做。

有些人偶尔也会在手稿上标记完稿年月，却很少注明具体日期，注明起止日期的就更少了，至于计算花了多少小时

的，我还真是头一回见。

柳比歇夫对每一篇论文都进行了"成本"核算。这一核算是如何进行的呢？其实，并没有什么专门的核算方式。他的方法像台计算机，自动为他输出这些数据，每写一篇论文，每读一本书，每写一封信，全部算得一清二楚。

……时间越来越少，其价格也越来越高。人最宝贵的是生命。倘若仔细分析我们的生命，则可以说，人最宝贵的是时间，因为生命由时间构成，是一分钟一分钟、一小时一小时累积而成。今天的人们千方百计地计划着自己最宝贵的、最短缺的、哪儿都不够用的时间。和所有人一样，我也会开列工作清单，以便更合理地分配时间；我也会制订一周（有时是一个月）的时间计划，并标注完成情况。自律的、有毅力的人会分析自己度过的每一天，以期寻找最佳的时间开支。其分析虽仅限于工作用时，但在我看来也足够了不起了。我自己恐怕就没有这样的恒心。再说了，这不是自找苦吃吗！我怀疑，分析结果很可能会令人郁闷。何苦让自己瞧不起自己呢？责怪自己缺乏自律、不会规划人生是一回事，将论据精确到小时和分钟则是另外一回事。本来我们还由衷地相信，我们尽心竭力做得更多，全心全意地投入工作，结果突然有人拿来一张报表，说有益的工作我们总共只干了一个半小时，其余时间全被浪费了，溜走了，蒸发了，花在了奔走、谈话、等待，以及上帝知道还有什么上头了。可我们明明是珍惜每一分钟，杜绝了一切消遣的呀……

市面上涌现出了大批的时间管理教材和时间规划师。企业领导者对这方面的需求最多，毕竟，他们的时间是最"值钱"的。

美国经理人导师彼得·德鲁克[1]建议每一位领导者对自我时间进行精确记录，但事先警告说，这种记录相当艰难，大多数人难以承受：

> 我强迫自己请求秘书每隔9个月便对我最近3周内的时间进行核算……我对自己承诺，并向她做出了书面保证（她坚持要我这么做）：在她提交结果之后，绝不会开除她。我这样坚持了五六年，但每一次我都忍不住大叫："这不可能！我知道我浪费了很多时间，但绝不可能有这么多……"但愿，有人能拿到和我不一样的核算报表。

---

1 彼·德鲁克（1909—2005），美国经济学家、管理学家，现代管理学之父。

彼得·德鲁克相信，没有人敢接受他的挑战。他是这方面的专家，也是个勇敢的人，对此他有着切身体会。很少有人敢于做这样的分析。这需要比忏悔更大的精神力量。对上帝坦白容易，对人坦白难。需要大无畏的勇气，才能在众人和自己面前袒露自己的一切弱点、毛病和空虚……德鲁克是对的，只有让-雅克·卢梭或者列夫·托尔斯泰这样的伟人，才能毫不留情地审视自我。

柳比歇夫年轻时设定的宏伟目标受到了来自权威专家的怀疑，但这并没有让他泄气。随着时间的推移，统计法日臻完善，某些具体任务被重新考量，但总体方向没变，一旦设定了目标，他便矢志不渝。

据说，施里曼[1]发誓要找到特洛伊时，年仅 8 岁。其事迹之所以为人所津津乐道，也是因为科学史上罕有这种贯穿终生的直线性目标。柳比歇夫在 20 多岁刚刚开始科研工作时，同样明确地知道自己想要什么。这真是幸福而独特的命运！他自主制订了工作规划，由此决定了其毕生行动的全部性质。

这样好吗？——如此严苛地设定自己的生活，自我设限，闭目塞听，放弃机会，干涸自我……

1　海·施里曼（1822—1890），德国考古学家，为童年梦想放弃经商，最终证实了特洛伊古城的存在。

但毋庸置疑，柳比歇夫的一生正是丰盈与和谐的典范，而这在很大程度上恰恰归功于他对自我目标的不懈追求。他自始至终都忠于青年时代的选择、热爱与梦想。初心不改，矢志不渝，这样的生活不仅令他自己感到幸福，也令周围人觉得羡慕。

韦尔纳茨基[1] 在 23 岁时写道，他立志"在智慧、学识、能力上变得尽可能强大，让自己的头脑为无限丰富的问题所占据……"在另外一处他又写道："我深知，我很可能会被虚假或具有欺骗性的东西迷惑，一头扎进没有出路的学术莽林，但我没法不这么走，我痛恨任何对自我思想的禁锢，我不能也不愿逼迫我的思想走那样一条路，它或许很重要，却丝毫不能加深我对那些令我苦恼的问题的理解……这种求索和追求正是一切科研工作的基础，只有它能够防止我变成一只在废纸堆里乱刨的学术耗子，只有它能让我在科研工作中尽情地生活、痛苦和欢喜……去寻找真理。我有预感，我会在寻找的途中死去、烧尽，但我必须找到那个真理，即使找不到，也要尽力去找，无论它将是何等苦涩，何等虚幻，何等可憎。"

---

1 弗·伊·韦尔纳茨基（1863—1945），苏联矿物学家、思想家，苏联地质学学派创始人。

青春的誓言永远激动人心：赫尔岑、奥加廖夫[1]、克鲁泡特金[2]、梅契尼科夫[3]、别赫捷列夫[4]，一代又一代的俄国知识分子都曾发誓为真理奋斗终生。他们每个人都选择了不同的道路，但某种共性将这些独具个性的人联系在了一起。这一共性并非对科学的忠诚，他们中间也并无一人单纯为科学而活。他们所有人都会去钻研历史、美学和哲学。俄国作家的道德探索史众所周知，俄国科学家的伦理探索史同样精彩而深入。

　　当然，这里有一个最起码的问题：认清职业性的"自我"。但即使是这点，也少有人能做到。

　　柳比歇夫既非管理者，也非组织者，无论是他的职务，还是周围人都没有要求他这样做。他的时间统计只能亲力亲为，没有秘书可以代劳。除了每日的核算之外，他还要做出细致到不留情面的总结，丝毫不遮掩，从不打马虎眼。他还要制订计划，尽量提前一个月分配好自己的每一个小时。总之，这

1　尼·普·奥加廖夫（1813—1877），俄国诗人、政论家、革命者，赫尔岑的密友。

2　彼·阿·克鲁泡特金（1842—1921），俄国地理学家、无政府主义运动的最高精神领袖。

3　伊·伊·梅契尼科夫（1845—1916），俄国生物学家、病理学家，1908年获诺贝尔生理学或医学奖。

4　弗·米·别赫捷列夫（1857—1927），俄国神经学家、精神病学家、心理学家。

一方法本身就需要大量时间。我们不禁要问：他这么做图个什么？何苦要自判苦役呢？他的朋友们都感到不解。柳比歇夫总是泛泛地敷衍说："我已经对时间统计法习惯了，没有它就工作不了。"可他当初为何要去习惯这一方法呢？又为何要发明它呢？换言之，时间统计法对一位实干家能有什么用处和益处？自然，泛泛的建议人人都懂，可为什么偏偏是他柳比歇夫发明了这种方法？到底是什么促使他这样做的呢？

▷

第六章

平凡的人性

1918 年，柳比歇夫从部队复员，来到位于克里米亚半岛的塔夫利达大学任教，开始专心科研。彼时的他已经设立了自己毕生的目标——创建有机体自然分类法。

他在那一年写道：

想要创建这样一种分类法，必须找到某种类似原子天平的东西，我打算通过借助数学方法研究有机体构造中无直接功能作用的曲线来达成……这在数学上的困难显然是极其艰巨的……为了着手这一关键性任务，我至少需要花5 年时间把数学底子打牢……我决心按部就班地写出一部数学生物学，其中将融入一切将数学应用于生物学的尝试。

在那个年代，他的想法遭到了冷遇。要知道，当年的塔夫利达大学可谓巨擘云集：数学家尼·克雷洛夫、弗·斯米尔诺夫，天文学家奥·斯特鲁韦，化学家亚·拜科夫，地质学家谢·奥布鲁切夫，矿物学家弗·韦尔纳茨基，物理学家雅·弗伦克尔、伊·塔姆，林学家格·莫罗佐夫，自然科学家弗·帕拉金、亚·帕拉金、彼·苏什金、格·维索茨基，最后还有柳比歇夫的老师、他一生中最为崇敬的人——生物学家、胚胎学家亚历山大·加夫里洛维奇·古尔维奇。

发誓忠于科学（哪怕是自己最钟爱的科学）是一回事，为自己设定具体目标又是另一回事。

万一特洛伊并不存在呢？万一它真的只是荷马幻想的产物呢？那施里曼的一生岂不是白白浪费了吗？

万一柳比歇夫的目标是根本不可达成的呢？万一再过个20 年，人们发现，创建所谓的有机体自然分类法是不可能的，又或是当代数学无法胜任这一任务呢？到那时候，所有这些年的努力将通通付诸东流，目标变成了虚妄，道路明确变成了误入歧途。

这是什么，冒险吗？不，这比冒险更可怕，他赌上了自己的前程、才华、希望，赌上了生命中最为宝贵的一切。天知道，有多少梦想家为了无法实现的目标赔上了性命！

狂热、偏执、禁欲——为了自己的梦想，科学家们什么代价没有付出过呢！

在科学中，沉迷是危险的。对具有特定气质的人而言，这或许是必要的、不可避免的，但代价实在太大了。沉迷其中之人会给科学带来不小的危害，沉迷阻碍人们对事情做出理性的评判，哪怕是牛顿这样的天才——只要想想他令胡克遭遇的不公就够了。

柳比歇夫青年时代的偶像是虚无主义者、理想主义者巴扎罗夫。在那个年代，他的很多同龄人都喜欢效仿巴扎罗夫。瞧，这又是一个文学作品主人公对俄国知识分子（还不止一代，而是很多代）产生强烈影响的例子。和巴扎罗夫一样，他们崇尚自然科学，贬低历史、哲学和文学。青年柳比歇夫只将文学视为学习外语的绝佳材料：《安娜·卡列尼娜》他读的是德文版，"因为译文比原文好懂"。

一切都服务于生物学，凡是没有助益的一概摒弃。他梦想做一名苦行僧，遵循英雄主义的常规套路：工作高于一切，一切为了事业，为了事业不惜牺牲一切。事业代替了道德，定义了伦理，成了道德，消解了存在与哲学的一切问题。为了事业，可以无视人世间的一切欢乐与色彩。取而代之的，是无条件的自我牺牲。

这便是我们所熟悉的"献身科学"。他所效忠的生物学任务太过重要，其余的一切都与他无关。

科学要求最大限度的努力，最为严苛的自我限制。非此即彼——常见的极端。要么是圣人和英雄，要么是俗人、吸血鬼、一无是处之人。俄罗斯人不承认中庸。假如不能成为榜样、楷模，那就再无所谓治学是否端正，对艺术是否了解……我们只承认完人，仅仅是为人正直正派，那是远远不够的。

起初的柳比歇夫和其他年轻人一样，也渴望建功立业，成为拉赫美托夫，成为超人。直到后来，他才逐渐触及与生俱来的人性弱点，并鼓起勇气继续前行，一步步逼近最为险峻的峰顶——平凡的人性。

他用了很多年才明白，最好的不是震惊世界，而是像易卜生所说的，活在这个世界。

这样，无论是对人，还是对科学，都会更好。

柳比歇夫的优势首先在于，他明白这些事比其他人早了一些。

帮助他想明白的正是他的工作。他的工作需要他……不过，那是后来的事儿了。至于在最早期，根据一切计算（柳比歇夫恰恰是喜欢并精于计算的），他的工作需要付出常人所无法比拟的精力，以及比一辈子更多的时间。当然，他相信自己能够克服，但为此他需要想方设法获取额外的精力和时间。

▷

第七章

时间统计法的缘起

　　我就像果戈理笔下那个从抄写文件中获取乐趣的阿卡基·阿卡基耶维奇……在科研工作中，我乐此不疲地获取新的事实，从事纯粹的辅助性工作，等等。再加上我从令我怀念的父亲那儿继承来的乐观精神，结果，我写了很多"压箱底"的东西，根本没指望能发表它们。阅读科学文献时我会详细地记录摘要，直到今天我仍会在这上面花费大量时间。我积攒了庞杂的文献资料。对于最重要的著作，我会写提纲，然后写书评。因此，我有很多存货，一旦有机会发表，所有这些存货都能立刻派上用场，论文会写得很快，因为早就基本成形了。

　　在我年轻时，这种读书方法曾导致我落后于人，因为我读书不如同学们快。但他们读得浮皮潦草，很多精髓没能消化，读过的东西很快就忘了。而用我的方法读书，得到的印象既清晰又牢靠。年复一年，我的武器库就比我的同学们雄厚得多了。

随着时间的推移，不单是他读书的法门，很多其他工作方法的优势也得到了凸显。似乎他早在几十年前就将一切都计算好了、考虑到了。连自己的寿数似乎都被他预见到、考虑在内了。

他的一切计划，包括最后一个五年计划，都是基于这样一种设想，即他至少需要活到 90 岁。

但眼下，他只是充分利用好每一分钟，包括所谓的"边角料时间"：坐电车，坐火车，开会，排队……

还在克里米亚时，他便注意到希腊女人会一边走路一边织毛衣。

于是他便开始利用散步时间来捕捉昆虫。在大大小小的会议上——调到废话连篇者，他便开始演算习题。

他对"边角料时间"的回收做到了十分精细的地步。坐车时他会阅读口袋书，或者学习外语。比如，英语，他基本就是利用"边角料时间"掌握的。

在全苏植物保护科研所工作时，我经常出差。一般我会携带一定数量的书到火车上读，如果出差时间预计比较长，我就会通过邮局往出差地寄书。随身携带的书的数量，则根据上回的经验增减。

一天当中的读书时间如何安排？早晨，趁头脑清醒，我会看些艰深的（哲学、数学）。工作一两个钟头之后，我就读些轻松的，比如，历史或者生物学。脑子累了就看小说。

在路上阅读有什么好处呢？首先，不会觉察到旅途的不便，更容易适应；其次，较之于其他情况，此时神经系统处于最好的状态。

坐电车时我也不会只带一本，而是带两三本小书。如果是从始发站上车（比如，列宁格勒站），那就有座，不仅能看书，还能写字。要是在人满为患的电车上，有时候甚至脚不沾地，那就得是拿着方便、读来轻松的口袋书了。在如今的列宁格勒，很多人都在电车上看书。

但"边角料时间"终究是不够的。与此同时，对时间的需求量越来越大。

研究越深入，涉猎范围就越广。必须先认认真真地钻研数学，接着是哲学。他越来越确信，生物学与其他科学有着千丝万缕的联系。他所从事的分类学促使他对达尔文主义产生了批判态度，尤其是以自然选择为进化论主导因素的理论。他不怕被人斥为活力论或者唯心主义，但这要求他必须钻研哲学。

后来，他又逐渐意识到，他还绕不开历史，绕不开文学，甚至绕不开音乐……

需要不断地勘探新的时间资源。显然，人无法连续不断地每天工作 14~15 个小时。只能研究如何正确地使用工作时间，向时间要时间。

柳比歇夫确认，他个人每天顶多从事 8 小时的高强度工作。

他坚持记录工作的起止时间，误差不会超过 5 分钟。

工作中的一切间断都被刨除了，我计算的是净时间。净时间小于毛时间，毛时间是指一项工作的总耗时。

常有人说，他们一天能工作 14~15 个小时。这种人也许真的有，但就净时间而论，我是干不了这么多的。我从事科研工作的单日最长纪录是 11 小时 30 分钟。一般情况下，能干 7~8 个小时我就心满意足了。单月最长纪录是 1937 年 7 月，工作了 316 小时，平均每天 7 小时。如果将净时间折算成毛时间，需要增加 25% 到 30%。我逐步完善了自己的计算方式，最终得到了眼下这种统计法……

自然，人每天都要睡觉、吃饭，换言之，会有常规的时间开销。工作经验告诉我，每天有 12~13 小时的毛时间可用于非常规开销，像是本职工作、科研工作、社会工作、娱乐等。

规划的难点在于，如何分配一天的时间。他决定，拨付的时间数量应与该项工作的重要程度相匹配。比如说，每天用于撰写原创性论文的时间既不能太少，也不能太多。头脑清醒时研究数学，疲倦时读书。

还要学会与周围环境相隔绝，好让花在工作上的 3 个小时等同于 3 个"工作时"——不分心，不去想不相干的事，不去听同事们的闲聊……

时间统计法存在的前提，是长期的核算与监督。没有核算的计划是盲目的，就像有些研究所，只顾制订计划，根本不管计划能否执行。

要学会统筹"一切"时间。

柳比歇夫将每昼夜的有效时间，即"净时间"，设定为 10 小时。他将其分割为 3 个"单元"，或者 6 个"半单元"，误差不超过 10 分钟。

所有预定的工作量他都尽量完成，但第一类工作，即最富创造性的工作除外。

第一类工作包括主要工作（写书、搞研究）和日常性科研事务（查阅文献、做札记、学术通信）。

第二类工作包括学术报告、讲座、研讨会、阅读文学作品，即非直接的科研工作。

试从日记中任举一例，1965 年的一个夏日：

索斯诺戈尔斯克。0.5。主要科研：	
图书索引	—— 15 分钟
多布然斯基[1]	—— 1 小时 15 分钟
昆虫分类学，野外调查	—— 2 小时 30 分钟
布置两个捕捉器	—— 20 分钟
书评	—— 1 小时 55 分钟
休息，游乌赫塔河	
《消息报》	—— 20 分钟

1　多布然斯基（1900—1975），美国进化遗传学家。

续表：

《医学报》	—— 15 分钟
霍夫曼《金罐》[1]	—— 1 小时 30 分钟
给安德龙写信	—— 15 分钟
总计	—— 6 小时 15 分钟

全天的活动都被记录下来了，包括看报。

为什么总计是"6 小时 15 分钟"？原来，这只是第一类工作的时长。其余被核算的时间则是第二类工作或者其他活动。每天只计算第一类工作的时长。然后再相加，得到每月的数据。以 1965 年 8 月为例，第一类工作的总时长为 136 小时 45 分钟。这些时间都用在什么上头了？看吧，月度报表里记录得一清二楚：

主要科研工作	—— 59 小时 45 分钟
昆虫分类学	—— 20 小时 55 分钟
附加工作	—— 50 小时 25 分钟
组织工作	—— 5 小时 40 分钟
总计	—— 136 小时 45 分钟

---

1 霍夫曼（1776—1822），德国浪漫主义作家、作曲家、画家。《金罐》是他早期创作的怪诞童话小说。

那么，"主要科研工作"又指什么？这 59 小时 45 分钟都花在什么地方了？报表里同样一清二楚：

1. 分类学——《分类法逻辑》报告起草	—— 6 小时 25 分钟
2. 各种事务	—— 1 小时 00 分钟
3. 校对《达顿考——普希金〈金鸡的故事〉与历史》	—— 30 分钟
4. 数学	—— 16 小时 40 分钟
5. 科研动态：利亚普诺夫 [1]	—— 55 分钟
6. 科研动态：生物学	—— 12 小时 00 分钟
7. 学术通信	—— 11 小时 55 分钟
8. 学术札记	—— 3 小时 25 分钟
9. 图书索引	—— 6 小时 55 分钟
总计	—— 59 小时 45 分钟

对于其中任何一项均可进一步细化分析。比如，第 6 项，科研动态：生物学——12 小时 00 分钟。我们会发现，每一分钟的开支都清清楚楚：

---

[1] 阿·安·利亚普诺夫（1911—1973），苏联数学家、苏联科学院院士，控制论奠基人之一。

1. 多布然斯基《进化中的人类》 372 页，读完（共计 16 时 55 分）	—— 6 小时 45 分钟
2. 阿科什·卡罗伊《动物会不会思考》 91 页	—— 2 小时 00 分钟
3. 赖萨·贝格 [1] 手稿	—— 2 小时 00 分钟
4. 涅克罗《奥斯维尔赫多……》[2]，17 页	—— 40 分钟
5. 拉特纳 [3] 手稿	—— 35 分钟
总计	—— 12 小时 00 分钟

柳比歇夫给大部分学术著作写了纲要，有些还写了书评。所有的摘录和评论会定期装订成册。这些机打的合订本恰似读书总结，构成了知识库。只需翻一下纲要，便能回忆起整本书的重点。

柳比歇夫拥有一项萃取作品精华的罕见本领。有时候，一整本书一页纸就足够了。即使是大部头著作，也只需要几页纸而已。其实质与规模完全不相称。

除第一类工作之外，第二类工作也得到了同样细致的分

1　赖·贝格（1913—2006），苏联及俄罗斯生物学家、科普作家。

2　原文为 Некоро З., Осверхдо...，译名为音译，待考。

3　叶·伊·拉特纳（1900—1978），苏联农业化学家、植物生理学家。

析。这种精打细算就更令人费解了。何必将读过的文学作品一一列举出来，计算总共花了多少时间呢？总计 23 小时 50 分钟，其中，"霍夫曼，258 页——6 小时"，"《霍夫曼作品集前言》（米里姆斯基）——1 小时 30 分钟"等等。

接下来还有 8 部英文作品，共计 530 页。

写了 7 封计划内的书信。

报纸杂志看了多少小时，给亲人写信用了多少小时。

或许有人会觉得，如此精细未免过头了。那么试问，假如这种时间分析没有带给他任何益处，而只是白白浪费时间，他又怎么会坚持一辈子呢？

柳比歇夫的一切都是经过深思熟虑的。

原来，柳比歇夫的时间统计法需要了解一切有效时间，包括所有的缝隙和空白。时间统计法不承认有不能利用的时间。一切时间都同样宝贵。对一个人而言，不应该有坏的时间、空的时间、多余的时间，也不应当有休息时间。所谓休息，就是不同工作的交替，就像合理的耕地轮作一样。

不用说，这里头自有其道理，因为每一个小时都被算在了生命的期限里，每一个小时都是均等的，都值得我们认真对待。

总结是针对计划进行的。对上月计划做出总结，是为了制订下月计划。比如说，1955 年 9 月的计划里都包括些什么呢？10 天在新西伯利亚，18 天在乌里扬诺夫斯克，2 天在路上。接下来是每项工作花费多少小时，详细至极。比如，书信（24 位收信人）——38 小时。还开列了应读的书目，需要拍摄哪些照片，给谁写评论。

时间要大致安排好，根据学院和职务方面的工作计划，根据以往经验……

制订年度和月度计划需要借助以往的经验。比如，我计划读完某本书。根据经验，我知道自己 1 小时能读 20~30 页。这便是我制定计划的依据。但如果是数学的话，我每小时只能读 4~5 页，甚至更少。

所有读过的内容我都会尽量加工。如何加工呢？假如某本书讲的是我不熟悉的新课题，我就会尽量写摘要。对每一本相对严肃的书籍，我都要尽量写一份书评。根据以往经验，我能够对一定数量的书籍进行加工。

但即使是严肃对待，实际耗时与计划耗时之间通常也会有 10% 的误差。计划加工的书籍数量经常未能完成，由此造成了很大的负债。经常会产生新的兴趣，因此负债总是很多，短期内无法消除，导致计划不能完成。有时是因为工作效率暂时下滑，有时是由于外界原因，但不管怎样，我很清楚，我必须对自己的工作做出计划。我认为我所取得的很多成绩，完全得益于我的计划。

对拨给主要工作的时间也做了计划，包括准备讲座，生态学、昆虫学研究及其他科研事务。通常第二类工作的用时会比第一类工作多出 10%。

柳比歇夫完成计划的精确度每每令我吃惊。当然，也会有不可预见的情况发生。在 1938 年的年度总结中柳比歇夫写道，第一类工作有 28% 未能完成：

> 主要原因是奥莉娅和瓦莉娅生病了，与人交流的时间增多了。

柳比歇夫的时间酷似物质，从不会了无痕迹地消失，不会平白无故地蒸发，而总能够查明它们变成了什么。借助时间梳算，柳比歇夫不断地开采着新的时间。而时间，才是真正的矿藏。

年度总结每次都有很多页，厚厚的一本。里面记录着一切信息。仍以 1938 年为例：生态学、昆虫学、组织工作、动物研究所、浆果研究所分别占用了多少时间，人际交流、路途往返、家庭事务各自占用了多少时间。

从中还可得知阅读情况，一年来读了哪些书，各种语言的文学作品读了多少页——竟然多达9000页！一共耗时247小时。

那一年他还撰写了552页学术论文，其中有152页被发表。

柳比歇夫严格按照统计学规范，对过去的每一年进行分析。材料足够充分——那就是每月的报表。

接下来是制订下一年的计划。柳比歇夫会从主要任务出发，对下一年做出大致安排。比如，对1968年的计划是这样的：

中心任务是8月的莫斯科国际昆虫学大会，拟提交一份关于"经验分类法的任务和路径"的报告。

他还写道，在大会之前需要完成哪些论文，在跳甲鉴定方面需要完成哪些工作，在乌里扬诺夫斯克、莫斯科和列宁格勒各待多少天，《两种路径：德谟克利特与柏拉图》（他在那些年的主要著作）写多少页，《分类学的未来》（关于分类法及进化论）写多少页。接下来是大致的时间分配：

第一类工作	570（564.5）
路途往返	140（142.0）
交流	130（129.0）
个人事务	10（8.5）

上表括号中是实际耗时。不难看出，柳比歇夫对于自我生活的提前一年的计划精准到了何种地步。

饶是如此，他仍在总结中吹毛求疵地写道：

第一类工作实际用时 564.5，比原计划 570 少 5.5 小时，约合 1%。

换言之，核算精确度达到了 1%！

尽管月度总结已足够详细，但在年度总结中，所有做过的事，读过的书，见过的人，还是做了进一步细化。其中既有工作，也有休息，总之，涵盖了过去一年发生的一切。

"娱乐——65 次"，接下来是开列的清单，列举了看过的话剧、电影、展览，听过的音乐会。

65 次——多还是少？

似乎挺多的了，但我也不敢断言，因为不知道拿什么做参照。以我个人的经验吗？可问题就在于，我自己从来没有总结过，也说不清我一年到头究竟去过多少次电影院、剧院、展览会。连笼统的数字都说不上来，更别提动态变化了：随着年龄的增长，这个数字有何变化？我每年读的书是多了，还是少了？其中学术书籍和小说作品的占比有何变化？我每年写了多少封信，写了多少作品？每年有多少时间花在路上，又有多少时间花在人际交往和锻炼身体上？

我什么都说不清。我对自己没个准数。我有哪些变化？我的工作效率是增是减？我的品位、喜好有何改变？……原本我以为，我对自己很了解，但接触了柳比歇夫的总结之后我才发现，事实上我对自己一无所知。

1966 年，第一类工作计划用时 1900 小时，实际用时 1906 小时，比 1965 年增加 27 小时。平均每日用时 5.22 小时，约合 5 小时 13 分钟。

想想看，每天高强度科研工作 5 小时 13 分，没有休假、周末和节庆，全年无休！何况这还是所谓的"净时间"，不包括任何抽烟、闲聊和溜达。仔细想想，这绝对是个令人恐怖的数据。

更可怕的是，几乎年年如此：

1937 年——1840 小时

1938 年——1402 小时

1939 年——1362 小时

1940 年——1560 小时

1941 年——1342 小时

1942 年——1446 小时

1943 年——1612 小时

……

这还仅仅是用于主要科研工作的时间，不包括其他任何辅助性的工作。这些时间全部用在了创造和思索上……

恐怕没有任何一份工作——哪怕是最最繁重的工作——会规定恐怖如斯的强度。做出这样的规定，只能是出于个人自愿。

柳比歇夫干的比一般工人还多。他完全叫以像大仲马那样，举起自己的手，向人们展示他手上的老茧。一年写作 1500 页！洗印 420 张照片！这一年是 1967 年，他已经 77 岁了。

阅读俄文作品　50 本——48 小时

英文作品　　　2 本——5 小时

法文作品　　　3 本——24 小时

德文作品　　　2 本——20 小时

7 篇论文付印……

长期住院自然导致了阅读量增加，但主要工作仍超额完成，虽然有很多事情没来得及做，比如，《科学与宗教》一文比预计用时多花了 4 倍。

柳比歇夫年度总结的精细程度堪比企业的年终报表。那么多的表格、系数、图表，将逝去的时间的剪影勾勒得如此清晰而又直观。难怪柳比歇夫被视为最大的分类学家和数学统计学专家之一。

总结中还开列了未读完的书籍，作为负债被结转：

伊拉斯谟斯·达尔文《自然的殿堂》[1]，5 小时

1　伊·达尔文(1731—1802)，英国医学家、诗人、发明家、植物学家，查尔斯·达尔文的祖父。《自然的殿堂》是一部科学诗篇，对查·达尔文的进化论有深刻影响。

德布罗意[1]《物理学的革命》，10 小时

特林格尔《生物学与信息》，10 小时

多布然斯基，20 小时

负债清单每年更新一次，长度永远不见减少。

还有一些出人意表的数据：游泳 43 次，交流 151 次，最喜欢的电影是哪几部……

他的总结读起来不免枯燥，研究起来却很有趣。

一个人，一年之内居然能干那么多事、看那么多东西、学那么多知识！每一份总结都是对于人的可能性的展示，每一份总结都能引发对于人的能量的赞叹。人的能量，只要能够合理利用，会产生多么伟大的创造力！

不仅如此，我还是第一次直观地感受到，短短的一年竟有如此巨大的容量。

除了年度计划之外，柳比歇夫还会制订五年计划。每过五年，他就对以往的生活与事业进行回顾，并给出一个整体鉴定。

1　路易·德布罗意（1892—1987），法国理论物理学家，物质波理论的创立者，量子力学奠基人之一。

……1964年至1968年……跳甲分类方面的工作做了很多，如果下一个五年能够完成跳甲方面的专著，我就很满意了。收集工作已经完成，但对于族系间差别的界定，下一个五年计划我也不指望能够完成……总之，尽管在形式上，各个领域的研究我连一半都没能完成，但在所有领域都有明显推进……

柳比歇夫的科研战线通常都拉得很长。在上面这个五年计划内，他涉猎的研究领域包括数学、分类学、进化论、昆虫学以及科学史。相应地，总结和计划也细化为很多类别。

核算固然是好事，可话又说回来，这么做究竟有什么用？把这些时间用在工作上不好吗？这些总结会不会吃掉辛辛苦苦节省下来的时间？

赞叹归赞叹，惊讶归惊讶，但仍有各种各样讥诮的疑问。

别的不说，内心深处一定会响起一个刻薄的声音：谁稀罕这样的总结呢？又有谁会去看呢？不客气地问一句，他这是向谁汇报呢，还是书面汇报？

因为无论怎么说，内心总不情愿将所有这些总结仅仅当成自主自愿的行为，是他为自己做的，而总在试图寻找某些隐秘的动机和理由。什么都讲得通，唯独不可能是出于自我关注，尽管关注自我内心世界似乎是再自然不过的。自己研究自己？这也未免太奇怪了吧。真是个怪胎!

是了，把他当成一个怪胎，于我们来说恰是最好的慰藉。

第八章

这一切的代价是否值得

这些总结会占用多少时间呢？其实，连这项开支也被考虑到了。每一份总结的末尾都注明了总结本身的耗时。一份详细的月度总结通常需要 1.5~3 个小时。仅此而已。外加下月计划用去 1 小时，总计 3 小时，而每月的预算是 300 小时。1%，至多 2%。毕竟月度总结有每日记录为基础，而每日记录只需要几分钟。看起来似乎很容易，谁都可以做到……习惯就像机械表一样。

年度总结耗时会多一些，通常需要 17~20 个小时，要花上几天时间。

年度总结需要自我分析、自我研究：生产率有何变化，哪些工作没能完成，为什么……

柳比歇夫的总结恰似一面镜子。但其独特之处在于，它照出来的不是眼下的自己，而是过去的自己。通常人们在照镜子时，总会在自我目光的注视下做出某种表情，无论何种表情，总归是做出来的。人总会照出自己想要看到的模样。日记同样会发生扭曲，照不出心灵的真实映像。

而柳比歇夫的年度总结公正客观地反映了过去一年的历史。他的统计方法如同一张细密的网，兜住了不经意间匆匆溜走的光阴，兜住了在忽略与无视中杳无踪迹的时间。

我们的记忆中留下了什么？事件。我们靠事件来标记生活。事件如同一个个路界碑，而界碑中间是一片片空白……比方说，自我着手将柳比歇夫作为对象开始写作以来，我生命中的最近这几个月都跑到哪儿去了？真正伏案写作的时间并不多，那么多的日子都去哪儿了？我肯定是干了什么的，一直在忙，可具体忙些什么却想不起来了。是真忙还是瞎忙？这90来天我都干了些什么？要光是这几个月倒也罢了……遥想年轻时，每到过年我就心虚：又一年没了，可答应自己和别人的事又没能做到。该写的小说没能写完，诺夫哥罗德又没去成，又有好多信没回，又有好多人没见，又有好多事没做……总是拖啊拖的，终于拖无可拖了。

如今，我干脆不再回头看了。爱咋着咋着吧，干一点是一点吧。负债单越来越长。

自然，承认自己破产是不情愿的。最好还是不去想它。最明智的办法，就是不去审视自己的生活。

以柳比歇夫为样板来苛责自己吗？这还有待商榷。这样的核算和总结说不定会让人变得冷硬，一味地理性主义和按部就班也许会将机体变成机器，让想象力消失殆尽。我们本来就已经被各种计划挤压得透不过气来了——什么学习计划、演出计划、部门计划、休假计划、冰球比赛赛程、出版计划……一切都是提前规划好了的。意外变成了稀罕事。奇遇已然绝迹，偶然性消失殆尽。就连事故也只是每周才出现一次，放在报纸的最后一版。

有必要将自己的生命提前规划至每时每分，将其放在传送带上吗？在眼皮子底下摆个计时器，片刻不停地记录自己的一切蹉跎与宽纵——这不是自己给自己添堵吗？！

《驴皮记》[1]的故事是最最恐怖的传说之一。不，人最好还是别跟时间产生任何公务之外的直接关系。须知，万恶的时间是无论如何都绕不开的，当面对它那黑洞洞的吞噬一切的深渊

1　法国小说家巴尔扎克（1799—1850）于1830年出版的一部长篇哲理小说。讲述一块神奇的驴皮，可以满足其拥有者的任何愿望，但愿望每实现一次，驴皮便会缩小，许愿者的寿命也会随之缩短。

时，连最睿智的哲人都会手足无措⋯⋯

柳比歇夫的时间统计法，与其搞懂它，倒不如推翻它来得容易。何况柳比歇夫本人并未将它强加于任何人，也从未提倡过将其推广使用，它只是属于他个人的一件工具，称手却毫不起眼，好比一副眼镜、一根手杖、一只被熏黑的烟斗⋯⋯

还是说，他的时间统计法其实是一场漫长的克服？又或是年复一年的论战？⋯⋯那论敌是谁呢？是庸常的生活，是周围所有人那种对轻松而散漫的生活的渴望，是完全不去计较时间的作风。

▷

第九章

令人满意的理想典范

大量的总结、日记和书信，为我呈现出一位铁人形象，无论什么都无法阻止他完成既定任务。效忠于计划的骑士，不被情绪左右的机器人，禁锢于时间的苦行僧。

1942 年，柳比歇夫爱子弗谢沃洛德牺牲的噩耗传来，但他强忍悲痛，继续坚定不移地完成工作。

1942 年的原定计划如下：

……（1）全年待在普热瓦利斯克。（2）不担任兼职。（3）不亲自承担密集的应用昆虫学工作，只限于指导工作及伊塞克库尔州动物区系调研……有基于此，本年度第一类工作的总量有望与 1937 年（最高效的一年）持平。

不过，第一，由于战事，出版无望；第二，留在基辅的学术文档想必会悉数被毁；第三，考虑到年纪，必须立即着手毕生最重要的计划——《理论分类学与普通自然哲学》。因此，1942 年，主要科研部分不拟完成任何论著，除了三份短的学术政治性报告之外。

计划得到了执行，1942 年成了他最富效率的一年。个人悲剧似乎并未影响柳比歇夫的工作力。

"考虑到年纪，必须立即着手……"他似乎计算出了自己还剩下多少时间，以便"完成闭环"。

个人生活连同其种种感受不应妨碍工作。对于一切的感受、焦虑与悲痛，已经划拨了专门的时间，统统放在"家庭事务"一栏。

我这样写，也许会让柳比歇夫显得不近人情。但一位 30 岁的技术科学博士、科学研究所遥控实验室主任对我说，这并非不近人情，而是对必要品质的凸显。他说，眼泪化解不了悲痛，人越早控制住情绪越好。为逝者哀恸是宗教情感的残余。死者不能复生，哀恸又有何用？

"殡葬仪式早就过时了，"他说，"您不得不同意，追悼会上那些感人的话语只会触痛亲属们的心灵，丝毫不能为其带来慰藉。悼念仪式是不理性的。当代人应当是纯粹的理性主义者，而我们却为自己的理性而羞惭，试图以感伤来软化自己。"

他建议我将柳比歇夫塑造为当代科学家的理想典型：拥有最大限度的自律，不容许任何多余的情绪，善于从周围环境中"榨取"可能的一切，当然，同时还是高尚且正直的。

他说："请您注意，这其实是理性的结果。意志和理性，这是两大决定性品质。如今，想要在科学中有所建树，必须有钢铁般的意志，再辅之以理性。纯粹理性主义者总是挨骂，说实在的，凭什么？一切都从理性出发，这难道不好吗？理性与道德并不相悖。恰恰相反，真正的理性一贯排斥卑鄙下作。理性的人明白，道德终归比不道德有利。"

在他这番既天真又睿智的议论里，有种想要树立一个值得效仿的榜样的迫切愿望。他需要一位当代的巴扎罗夫、一个理性主义者的典范、一位真正的科学家，其成就得益于被理性规划设计的生活，其英雄主义的崇高行为基于理性，而非情感。如今，这一典范呼之欲出了：有个能力平平的人，后来达到了完美的境界，成了一位大科学家，一个大好人；他不断地调整自我，完善自我……柳比歇夫比任何人都更适合这一角色，可以认为，他按照有史以来最为理性的方法——时间统计法调整自我，并以此证明，若集毕生精力于一点，一个人能成就何等伟业。时间统计法能让人的能力倍增，只要系统性地、持之以恒地加以运用，它对人的馈赠将多于才华。时间统计法是远程武器，是聚光透镜，是理性的胜利。

柳比歇夫数十年如一日地遵循着无可挑剔的几何学生活。在他的漫长一生中，从未有过大的偏移，佐证了其时间统计法的胜利。他以自己的一生作为实验，并获得了成功。他的一生都是按照理性原则完美构建的。他学会了将自己的工作能力维持在稳定状态，在生命中的最后 20 年，他干得一点儿也不比年轻时少。时间统计法给予他生理和精神上的双重加持……至于那些所谓"机械性"的诟病，根本无须理会。机械性并不可怕，无论对于理性抑或心灵。畏惧科学与理性才是精神的羞耻。要知道，真正对立的并非机械性与精神，而是奴性精神与崇高精神。为知识与思想所丰盈的精神，绝不会被机械性奴役。

如此一来，我大可以向所有那些钢铁般的技术员，向所有科学研究所和设计院的工作者，向所有年轻有为的博士和前途似锦的大博士，向所有渴望建功立业、仰慕科学超人的读者，介绍这位伟大的、并非虚构的英雄：他既是一位有真名实姓的公民，又是一个理想的模范，他为自己的生命创造了最高的有效系数。一切数据、指标和记录全部摆在眼前。他既是一个活生生的人，也是一个令人赞叹的自我创造的结果。

我的那位朋友并不在乎这在多大程度上符合事实，他并不关心我笔下的主人公与真实的柳比歇夫是否匹配。偏离原型是不可避免的。他认为，关键是要以此为例突显理念，将其变成纯粹的理念载体，就像果戈理所做的那样。

他说得头头是道，听上去极具说服力，甚至很有诱惑力，但真实的柳比歇夫让我没法那样写。毕竟，我认识真正的柳比歇夫，跟他见过面，还聊过天，除了他日记里记录的"1 小时 35 分钟"和"1 小时 50 分钟"之外，还有过几次交谈……

第十章

"论基因池"及其结论

　　事实上，一切都有所不同。前面列举的事实自然是确凿无疑的，但除此之外，还有很多其他的事实。这些"其他的事实"破坏了协调性，糊涂了画面——有没有必要考虑它们？文学与艺术不得不对事实加以筛选，或弃或留。画肖像，只能要么画正脸，要么画侧脸，人总会有一半隐在画布之后。

　　书页也是截面。我所追求的并非立体，而只是立体感。相互龃龉的事实有碍于完整性，它们会把完整的铸件炸成碎片，让颜料脱离画面，在画布上游荡。

　　假如我并不认识柳比歇夫，事情会好办得多……

　　儿子的死令他心痛了好多年。他死死地抓住严苛的生活计划，如同冲浪者死死地抓住快艇的绳索。一旦稍有松懈，速度放缓，立刻就会沉入水底。他有过许多绝望而悲伤的时期，那时唯一能做的就是机械地记录日记，机械地制作昆虫标本，机械地写标签。科研失去了意义。他忍受着孤独，他的理论无人认同，他知道自己终将是正确的，但那需要漫长的时间，需要独自穿越荒漠，可力量却不够用了。

他可以驯服时间，却不能驯服局势。他只是一介凡夫，一切都在诱惑他，激情、爱情、失败，甚至连幸福也会令他分神。

第二次婚姻为他带来了期待已久的家庭宁谧。婚后不久，他便写信给自己的朋友兼老师：

……绝对的家庭安逸令我远离了生活的阵地。我可以对您，我多年的朋友坦承，就连我的科学兴趣都急剧下降了。请不要责怪我，亲爱的朋友。您之前原谅过我那么多的罪过，这次也请您原谅吧。这不是对科学的背叛，而是软弱者的沉迷，他熬过了严酷的荒漠，如今掉进了繁茂的绿洲……

坦白需要巨大的精神力量，即使是面对自己的朋友。没有人能够天天忏悔。柳比歇夫每天给自己记账，计算出自己软弱的程度，以及为幸福支付的代价。他从何处汲取如此强大的意志力？他从哪里获得踽踽独行的勇气？他的对抗精神源自何处？这些问题总是令人费解——那些个堂吉诃德、圣徒、圣愚，他们都是从哪儿冒出来的？为何有人会平白无故地一夜之间变成了革命者，逼自己走上斗争与苦难之路？

有时是局势或者环境使然，但更多的时候是预先注定，即古时所谓的"命运"。

在1954年致伊万·伊万诺维奇·施马尔豪森[1]的信中，柳比歇夫写道：

简短地回顾过去，以便更好地理解当下

（论基因池）

……出于老年人的唠叨，我想向您介绍我从父辈和祖辈那儿继承来的基因池。

您大概不知道，我父亲的祖上曾经获得过相当"定向"的培养：他们是阿拉克切耶夫伯爵的农奴，却从未丧失过斗志，很会做买卖（他们应该是交代役租的，有

---

[1] 伊·伊·施马尔豪森（1884—1963），苏联生物学家、进化论理论家，苏联科学院院士。

一定的自由度）。因此，我完全有理由认定，我的染色体中含有乐观基因，甚至是乐天基因。我的曾祖父在尼古拉一世时死于霍乱。我的祖父阿列克谢·谢尔盖耶维奇短短几天之内被霍乱夺去了母亲、父亲和两位姑母，成了举目无亲的孤儿，当时他只有八九岁。但乐天基因如此强大，以致葬礼上他竟然哭不出来，只得用洋葱辣出两滴眼泪，装装样子。后来，他每次讲起往事总是乐呵呵的，哪怕是那些悲哀的往事，但这绝非他冷漠无情、没心没肺，相反，他是个最好的好人，那全是乐天基因的作用。

我老爹也是个乐天派，遇见什么事也不发愁，有时候简直令他所有的熟人都感到惊讶。与父辈和祖辈们相比，我无疑是退化得多了，但仍被人认为是个乐观的人。

我的另一种基因多半是从母系继承而来的，可以叫作争论基因或者饶舌基因。我母亲娘家姓波尔图什金娜[1]，这个姓氏显然不是白给的，因为我的外祖父德米特里·瓦西里耶维奇酷爱争论，他每次坐火车，总要特意找个爱抬杠的人聊天——顺着他说的人不合他的意。

1　原文为"Болтушкина"，源自"болтун"，意为"饶舌者"。

我无疑还从祖辈那里继承了流浪基因，或者说冒险基因，这并不奇怪，因为我的父母都是诺夫哥罗德人。众所周知，诺夫哥罗德人是出了名的流浪者……

　　……为佐证这一基因，我可以列举出以下事实：（1）我的外祖父德米特里·瓦西里耶维奇，年轻时偷偷跑到米塔瓦求学，最后又被骗回了老家；（2）我舅舅瓦西里·德米特里耶维奇，1877年俄土战争之前曾在切尔尼亚夫斯基支队当志愿兵；（3）我祖父阿列克谢·谢尔盖耶维奇酷爱游荡，当年还没有旅游这一说，他便四处去朝圣，曾两度到过耶路撒冷。

　　无论是我，还是我的妻子（她的娘家也姓柳比歇夫）对于我们的出生地列宁格勒都毫无眷恋之情，与大部分没有流浪基因的列宁格勒人不同，我们并不渴望在那里定居。

　　应当说，我的祖先还拥有反教条基因。我的外祖父德米特里·瓦西里耶维奇是个典型的伏尔泰主义者，他阅读达尔文和巴克尔[1]的著作，是个相当具有自由思想的人……永远令我怀念的父亲同样不是教条主义者。他是

1　亨·托·巴克尔（1821—1862），英国史学家，著有《英国文明史》（1857）等。

个虔诚的基督徒，但宗教狂热和异端排斥这些在他身上统统没有。按照萨尔蒂科夫－谢德林[1]的分类，我父亲的信教不是惧怕魔鬼，而是热爱上帝，而他的上帝跟高尔基外祖母的是同一个——慈悲与博爱的上帝。每逢过节他都会去教堂做礼拜，以感受正教仪式之美。但只要有机会（比如，在国外），他也会去天主教教堂和新教教堂。每次途经华沙，他也一定会去犹太教堂。

我父亲文化程度不高，只在村子里读过私塾，论职业是名商人。照理说，我们家应该是个家长制的旧家庭才对。非也！我从很小的时候就跟父亲激烈地争论政治问题（父亲的政治观念极其温和，他不希望发生革命），但我从来没听父亲说过"闭嘴，没大没小"之类的话，他总是以平等身份与我争论。

可以说，从父系这里我大概还继承了攫取基因。我的高祖父阿尔捷米·彼得罗维奇（他是我所知道的最远的父系祖先）好像姓扎格列宾[2]，这完全是个富农的姓氏，因为正如我前面提到的，他虽是个农奴，却很会做买卖。

---

1 萨尔蒂科夫－谢德林（1826—1889），俄国现实主义作家。

2 原文为"Загребин"，源自"загрёбистый"，意为"只想搂钱的人"。

只不过，攫取基因在我们家族表现为各种形式：我父亲的攫取既是物质上的（他是个实业家，论积极进取丝毫不逊色于美国人），也是智力上的。他从小就自主学习，直至临终前一直保持着最为活跃的智力兴趣。他于伟大的卫国战争期间去世，终年 86 岁。我在物质方面的攫取基因则弱化了，这曾一度令父亲感到遗憾——他是为数不多的相信我有经商天赋的人，时常叹息："唉，要是儿子能帮我，我说不定能买下半个诺夫哥罗德。"这些叹息是他对我投身科学事业的绝无仅有的抗议。他非但没有阻挠我的科研事业，反而竭尽全力地协助我。当然，革命之后，他不必再为我的选择而抱憾了。智力上的攫取基因我倒是充分保留了，对于五花八门、越来越广泛的知识，我的兴趣从未衰减。

最后，我的基因池里一定还有好心肠基因。我们的姓氏——"柳比歇夫"足以为证。这个姓氏的产生似乎与我的曾祖父谢尔盖·阿尔捷米耶维奇有关，因为他总喜欢管别人叫"好心肠的老兄"，于是才有了我们的新姓氏[1]。我父亲是个心地至善之人，总把人往好处想，即使

1　"柳比歇夫"俄文作"Любищев"，源自"любищепочтеннейший"，其意为"好心肠的老兄"。

他们不配；他从不听信关于别人的坏话，除非铁证如山。

　　这就是我的基因池。不难看出，我的品质全部来自我的祖先，尤其是我永志不忘的父亲，当然，还有很多来自我的外祖父德米特里·瓦西里耶维奇。他从小就很疼我，虽然他并不怎么喜欢小孩子。

　　柳比歇夫的自述让我们了解了他的某些道德准则，这或许是他性格中最为重要的。因为，当科学与道德相撞时，我首先关注的是道德。也不仅仅我这样。或许，较之于伊万·彼得罗维奇·巴甫洛夫、德米特里·伊万诺维奇·门捷列夫、尼尔斯·玻尔[1] 的科学成就，大部分人更关注其精神面貌。我承认，这种比较或许是假定性的，但任何一位科学家，其科学声望越高，其道德水平就越引人关注。

　　伊戈尔·库尔恰托夫[2] 和罗伯特·奥本海默[3] 的科学成就大致可以相提并论，但人们会永远倾心于库尔恰托夫的崇高功勋，而为奥本海默的悲剧性命运陷入沉思。在人的一切建树

1　尼·玻尔（1885—1962），丹麦物理学家，1922 年诺贝尔物理学奖得主，量子力学奠基人之一。

2　伊·库尔恰托夫（1903—1960），苏联物理学家，苏联原子弹之父。

3　罗·奥本海默（1904—1967），美国物理学家，美国原子弹之父。

中，最可敬、最牢靠的恰是其精神价值。随着年龄的增长，我们会毫不惋惜地更换导师、师傅、上司，改变最喜欢的画家和作家。但倘若有幸遇到一个纯粹的、拥有美丽心灵的、令你为之心折的人，那便再也无可更换了，因为善良和热诚是无可超越的。

柳比歇夫的通信中不时便会出现自我评价。他这样做通常是为了对比。这些评价勾勒出了柳比歇夫本人及其师友们的道德轮廓。

柳比歇夫的一位朋友、苏联医学科学院通讯院士帕维尔·格里戈里耶维奇·斯韦特洛夫，曾经为杰出的生物学家弗拉基米尔·尼古拉耶维奇·别克列米舍夫写过传记。柳比歇夫曾为此致信斯韦特洛夫：

> ……你忽略了很重要的一点：弗拉基米尔·尼古拉耶维奇拥有十分罕见的分寸感和自制力……我本人在这方面恰恰是最差的，所以总是为弗拉基米尔·尼古拉耶维奇感到惊讶。我非常尖刻，我的批评经常伤到别人，甚至是我亲近的人。诚然，这从未损害过真正的友谊，而被我批评的人后来往往成了我的朋友，但起初总免不了让人大哭一场。

……弗拉基米尔·尼古拉耶维奇的拉丁语很好（希腊语似乎不太行），休息时爱读古罗马文学，我记得他也读过希罗多德[1]，但好像不是原文。他把这当成休闲，与科研工作无关……我记得我们曾经探讨过但丁。他是个狂热的但丁主义者（假如可以这么说的话），他认为但丁被低估了……我承认但丁的诗很美，却并不认为其世界观有何高明之处。相反，但丁作品中的很多地方令我很恼火。比如，他的《地狱》的著名开篇（我凭借记忆引用，不一定准确）：

Per me si va nella citta dolente

Per me si va neleterno dolore

Per me si va tra la perdute gente

Giustizzia mosse il mio alto fattore

Fecemi la divina potestate

La somma sapienza e il prima amore

Dinanzi a me non fur cose create

Se non eterno e io eterno duro

1　希罗多德（约前480—前425），古希腊作家、历史学家。

Lasciate ogni speranza voi chentrate... [1]

此外还有一处：

Chi e piu scelleranto' chi colui
Chi a giustizzia divin compassion porta...

　　……后两句的意思是：谁怜悯上帝的罪人，谁就是
最大的恶棍。这句话的上文是：但丁遇到了自己的某个
政敌，后者哀求他帮助自己减轻痛苦，但丁起先答应了，
但最后一刻又违背了承诺，反而幸灾乐祸地嘲笑对方……
这简直比六亲不认的严酷迫害还要卑劣……这哪算得上
"神曲"？简直是最世俗的"人曲"……除此之外，还有
很多地方从宗教角度而言是不可理喻的，特别是从基督
教的角度。而在弗拉基米尔·尼古拉耶维奇看来，但丁不
仅是位杰出的诗人（这点我并不否认），还是一位先知，
以一双慧眼看到了常人所看不到的东西。显然，这便是

1　引文出自《神曲·地狱·第三篇》，大意如下：由我进入废弃之城，由我
通往永世呻吟，由我走向逝去的世代。我的造物主为真理所感：我是至高
之力、博学之满、最初之爱的造物。唯有永恒之物比我久远，我与永恒并
驾齐驱。进来的人，抛弃幻想吧！——作者原注

我与我的很多同行的区别所在了：在他们看来，莎士比亚和普希金不仅是杰出的戏剧家和诗人，还是人类思想的导师，对此我完全否认。早在苏格拉底、柏拉图、亚里士多德的弟子们所创作的古希腊悲剧中便已达到的精神高度，在但丁那里完全看不到。总之，在但丁的问题上，我和弗拉基米尔·尼古拉耶维奇无法达成共识。

……我认为，弗拉基米尔·尼古拉耶维奇对自我兴趣的分割是最优的，不仅如此，他对蚊子的研究工作能给予他巨大的精神愉悦，因为这些工作是直接有益于人民的。至于说他的很多计划未能完成，我则认为，任何一个涉猎广泛的人，其计划总是多到无法尽数完成的。

……倘若我的尖刻是出于狭隘，那我一定会有很多对头。我的优点在于，我在论战中从不抱有个人目的。而弗拉基米尔·尼古拉耶维奇则擅长以不伤人的方式提出与我同等严厉的批评。当然，我比弗拉基米尔·尼古拉耶维奇快活，喜欢胡说八道，装疯卖傻。小时候我从不打架，也不爱打架，看上去老实巴交，但我喜欢智力比拼，这时候我就很像个拳击手了：我不知道疼，只知道出拳。智力比拼完全没有害处，我没有私敌，在不同的国家生活时，我同各国人民都相处得很好。

……我认为我比弗拉基米尔·尼古拉耶维奇强的一点（这点他也承认），那就是像他说的，我有很大的形而上的勇气，有种巴扎罗夫式的真正的虚无主义，换言之，我不承认有任何东西不受理性批判……弗拉基米尔·尼古拉耶维奇则抱有一些绝对正确的信条，所以他比我更偏执些，但这种偏执从不表露出来。事实上，我们对于包容的真正含义太疏远了，总把任何批评（捍卫自我观点的权利）看成强加于人，即所谓偏执。但唯一可用的力量便是理性，而理性之力并非暴力……我清楚地记得克鲁泡特金的名言："人好过机关。"这是他针对沙皇暗探局的暗探们说的。我还想补充一句：人好过信念。

……出于自身或外部的诸多考量，我从1925年开始搜集昆虫（首先是跳甲），也差不多从那时候起，我开始在彼尔姆大学讲授农业害虫方面的课程。

……美国人布利斯，我俩一起去乌克兰和高加索出差的时候，提到我衣着过于朴素，不在乎周围人的看法，他说："我赞赏您在衣着和行为上的独立精神，但很遗憾，我没有勇气效仿您。"聪明人的一句赞美抵得过庸俗者的一千次揶揄……据我看，一位学者对于着装的关注应当维持在最低限度，因为：（1）何必去跟那些以华服为享受的人竞赛呢;（2）衣着朴素，行动自如;（3）稍许刻意的"圣愚"行为并非坏事——来自小市民的冷嘲热讽是有益的精神锻炼，有助于培养不从众的独立精神……

正如所见，我这里的引文是节选的，都是与柳比歇夫本人的性格及其朋友圈的文化水准相关的。

他们可以围绕但丁展开争论，不但能够阅读但丁的原著，还能背诵。他们对蒂托·李维[1]、塞涅卡、柏拉图信手拈来。这得益于他们所接受的古典主义教育吗？可他们同样熟知雨果、歌德，俄国文学就更不必提了。

不知道的还会以为，写信的人是个文学专家呢。在柳比歇夫的学术档案中，还有关于列斯科夫[2]、果戈理、陀思妥耶夫斯基、罗曼·罗兰《革命戏剧集》的论文。

或许，文学是他的嗜好？不是的。对他而言，文学是自然而然的需求，是不掺杂任何意图的热爱。他丝毫无意涉足文学研究。这是一种久被遗忘的特质：他无法单纯地消费艺术，而必须对自己读到的、看到的、听到的加以反思。他加工它们

---

1 蒂·李维（公元前 59—公元 17），古罗马历史学家。

2 尼·谢·列斯科夫（1831—1895），俄国作家、政论家、文学批评家。

似乎只是为了形成自己的生活观。但丁也好，列斯科夫也好，他对他们领悟得越充分，他从中获得的享受才越大。

他在一封信中引用了席勒的《玛丽亚·斯图亚特》和《奥尔良的姑娘》。片段越引越长，几乎把一整出戏都搬到了信里。能感觉到，写信人是忘情了，他写啊，写啊，沉浸于复述心爱的独白的愉悦中。您瞧，竟还有这样的人……

就其文化素养的广度和深度而言，这些人堪比文艺复兴时期的意大利人，以及法国的百科全书式人物。那时候的科学家同时也是思想家。他们能让自己的科学专业与整体文化素养维持和谐。科学与思想携手并进。如今，这种和谐被破坏了。当代科学家认为必须"获知"。他们下意识地感觉到了专业细化的危险，试图以自己熟悉的方式——获知——来恢复平衡。他们认为文化是可以获知的。他们关注最新动态，读书、看电影、听音乐，看似重复了一切必要的动作和行为，但在精神上并未领悟，未能进入艺术的精神与道德层面。他们"知道"，他们"了解"，他们"关注"，但这一切几乎都不能转化为素养。

"我们的任务是研究具体的东西。"我那位技术员朋友对我说。他沉醉于强大的电子仪器和超小灯泡，它们的神奇性能将为人类带来更大的比功率。"思考普遍问题并非必需的，不属于我们的职责范围，再说，有谁需要呢……不过……"他又气馁道，"想想这些东西其实也不错……可哪有时间呢？我搞不懂他们是如何做到的。当然，除非有条件，整天坐办公室……"

但无论是柳比歇夫，还是别克列米舍夫，都不是枯坐书斋的学者，也从未享受过养尊处优的条件，他们都未能幸免于战前和战时的惊慌、炮火与磨难，都没能躲过现实生活中的损失与不幸。然而，当翻阅他们的书信时，你就会发现，填充其生活的不是苦闷，而是收获。

在列宁格勒全苏植物保护研究所工作时，柳比歇夫还要兼职授课、提供咨询，帮妻子料理家务，养活一大家子人。

……在研究应用昆虫学的同时，我还打算研究系统昆虫学和普通昆虫学课题……但光做这些还不行。还得花很多时间跑商店，排队买煤油什么的。我妻子也在上班。生活很困难。我在数学上花了很多时间，坐电车也看，出差也看，甚至开会时都在演算习题。曾经有人对此有意见，但后来我向他们证明，演算习题并不耽误我听取发言和参与发言，他们也就不再较真了。出差途中我还读了很多哲学书，特别是康德的三大批判，都是我在路上读的……我记得我写过的唯一一部哲学论著，相当长，足有 100 页练习本纸，分析康德的《纯粹理性批判》。它后来在基辅被毁了……

普通民众的生活，连同其全部的酸甜苦辣，也正是柳比歇夫亲身经历的。令人惊讶的不是他在这种条件下还能挤出时间来读康德，而是单纯的阅读他还嫌不够。求索的天性逼着他去消化理解，百般验证，自行重组。读完康德之后，他就其最重要的著作写了论文，批判性地筛选与自己投契的思想。他必须找到属于自己的东西。

无论是普遍观点，还是公认的权威，都无法左右他。在他看来，思想权威与否并不取决于信众的多寡。

他称自己是虚无主义者。屠格涅夫对这个词的定义是："虚无主义者是这样一种人，他们从不膜拜任何权威，从不信奉任何原则，无论这一原则受到怎样的推崇。"还应补充一点：柳比歇夫的虚无主义是创造性的。他所看重的不是推翻，而是替代；不是驳斥，而是信服……

在他的头脑深处，似乎一直在沸腾，在翻滚。他孜孜不倦地在看不到真理的地方寻求真理，在真理不可撼动的地方寻找质疑。

在他的内心有种需求，促使他对人们久已搁置的事情发问：关于自然的本质，关于进化，关于合理性——这是种不时兴的、熄了火的需求。

柳比歇夫的可贵在于他努力作答，不怕犯错。他喜欢给教科书里的参考答案挑刺。

柳比歇夫虽然特别，却绝非特例。从他与尤里·弗拉基米罗维奇·林尼克[1]、伊戈尔·叶夫盖尼耶维奇·塔姆[2]、帕维尔·格里戈里耶维奇·斯韦特洛夫、弗拉基米尔·亚历山德罗维奇·恩格尔哈特[3]的通信便可看出，这些大科学家无不拥有极高的文化素养和精神境界。我翻阅着这些信件，倾慕之余又难免惆怅——随着这代人相继离世，20世纪初以及十月革命时代的俄国文化也就成了历史。

---

1 尤·弗·林尼克（1915—1972），苏联数学家。

2 伊·叶·塔姆（1895—1971），苏联理论物理学家，1958年诺贝尔物理学奖获得者。

3 弗·亚·恩格尔哈特（1894—1984），苏联生物化学家、苏联科学院院士、苏联医学科学院院士。

▷

第十一章

科学家们的共同特质

　　在圣彼得堡国立大学的校园内，至今留存着门捷列夫的故居。名人故居是很特殊的一类博物馆，参观时也应与寻常博物馆有所不同，不能走马观花，必须驻足停留。故居博物馆屏蔽了时间，在这些博物馆内一切都不会发生任何变化。我喜欢这种将逝去的生活瞬间定格的真实感。这里的一切都是原先的模样，不是复现，而是静止。大学的校园、前厅的喧响、窗前的灌木丛、屋内的拱顶和家具———一切一如从前。

　　博物馆里的物件看上去似乎过时了、死掉了，但事实上，博物馆为这些老物件找回了生命，保存了生机。对博物馆而言，死亡并非结束，而是存在的开端。普希金、契诃夫、涅克拉索夫等人的故居有着无法解释的感染力，仿佛主人的灵魂仍住在那些屋子里。每个人心里都有一座纪念馆，有一间用于存放良心和感受的储藏室，有一座自建的纪念碑，有令我们珍视的地方——确切地说，是那些地方的影像，因为那些地方本身或许已经不在了，或者完全变样了。

照我看，不仅伟人的故居应当留存，普通人的故居同样值得保留。我很希望能够保留一套带有公共厨房的住宅，以纪念艰难的20世纪三四十年代：公共厨房里摆满了一张张小桌子，每张桌子上都摆放着一只煤油炉，旁边放着一根顶端钳着细针、用来通炉眼的洋铁条。墙上挂着打扫公共区域卫生的值日表，劈柴垛堆得到处都是，前厅里、过道里、房间里面、铁皮炉子后面……

我们就是这么生活的。我们的父母也是如此。

在门捷列夫的书房内，一切陈设都跟主人在世时一模一样：书桌、书柜、搁架，还有很多长长的卡片盒。这些卡片盒引起了我的浓厚兴趣。这些卡片全是门捷列夫亲手写的书目卡，上面工工整整地抄录着他收藏的杂志文献、书籍和手册的名称，顶部还标着书号。书目卡还配有索引。从大类到细类，整个编目体系都是门捷列夫亲手设计完成的。而他的藏书多达16000余种。门捷列夫从各类杂志中抽取有用的论文，分门别类地装订成册。为此需要制定一整套的分类准则及体系。假如没有图书索引体系，连成本的著作都极易淹没在庞杂的藏书中，更别说单篇的论文了。

早在那时，科学文献就已经多到难以打理了。起初我以为，门捷列夫做的这些海量的工作——数千张写满字的、装订成一沓一沓的、用各色墨水标注的书目卡——是迫于工作的必然需求（而在需求的迫使下，人甚至可以学会编草鞋），无论他愿意与否，都不得不在这些杂务上浪费时间。

但随后解说员又给我展示了另外一些卡片盒，里面同样装有目录卡和索引簿。这里面登记的是门捷列夫收藏的各类图片，石印的、手绘的或者翻印的。这可就谈不上必然需求了吧，可他照样写了数千个名目，并且同样进行了分门别类，系统整理。

我又看了门捷列夫的相册。每次旅行结束，他都会把各种照片放进去。还远不止照片。在门捷列夫纪念英国之行的那本相册里，贴着各种请柬、纸质徽章和明信片，甚至还有某次盛宴的菜单。门捷列夫亲手洗印照片，亲手粘贴，备注说明。所有的往来信函也统统搜集起来，按照特定原则装订成册。记事本、日记本、记账本，同样秩序井然。他日复一日地记账，写清每一笔花销，哪怕是几戈比。倘若我看到的只是这些档案资料的复印本，我一定会认为这是出于吝啬，或者某种怪癖，总之，是大人物的小毛病。但摆在我面前的是真实的手迹，它们似乎有种魔力，能够自个儿证明、诉说……

那些纸页、笔迹、墨水，似乎仍散发着书写者掌心的热度，诉说着他的心情。我分明看到，笔尖在纸页上顺滑地流淌，书写者丝毫不觉得烦躁无聊，反而写得十分投入，甚至带着几分热爱。

我不由得想起了柳比歇夫的自白：

> 我就像果戈理笔下那个从抄写文件中获取乐趣的阿卡基·阿卡基耶维奇……在科研工作中，我乐此不疲地获取新的事实，从事纯粹的辅助性工作……

显然，对门捷列夫而言，这些辅助性工作同样是休息和乐事。透过柳比歇夫不难理解，对于分类法的热爱会渗透进所有爱好，而门捷列夫的那些目录卡和记账簿也绝非怪癖。他只是想把自己经历的一切都分门别类，以确定其相似度及区别度。这些辅助性的，甚至是机械性的工作，在旁人看来似乎是怪癖，纯属浪费时间，实则有助于创造性的劳动。无怪乎很多科学家都不把辅助性工作当成分散精力，而当成有益于创造的一项条件。

我独自坐在门捷列夫的书房，心想：计算机当然把人们从辅助性工作中解放了出来，但与此同时，也剥夺了人们从事辅助性工作的机会。或许，辅助性工作终究是必要的，人们会怀念它的，但只有当我们彻底失去它之后，才会意识到这一点……

　　那些老家具围在我的身边，它们厚重、结实，从一开始就是为了数代人的使用而打造的。物件拥有记忆。至少，那些并非机器生产的而是手工打磨出的老物件是有记忆的。在我小时候，在本能丧失敏觉之前，我能够清晰地感受到老物件的生命力。

　　童年时代的感受回归了：在油漆和颜料下面，在木纹深处，我触摸到了鲜活跳动的肌肉。门捷列夫在这栋房子里、在这些书籍和物件中间度过的那么多的时间，似乎在向我传递着什么。

　　对于分类法的热衷仿佛是其智慧的光学仪器，门捷列夫借此审视世界。正是天赋中的这一特性帮助他发现了周期律，洞悉了大自然的元素体系。这一发现的实质与其大性、习惯和爱好完全匹配。

　　对科学家而言，整理、组织材料的过程本身就是一种愉悦。哪怕这并没有很大用处（譬如，所藏图片的目录卡），但做起来仍是开心的。话说回来，从中获得享受，不也是意义所在吗？

柳比歇夫身上最为突出的，也正是这种思维类型——分类学思维。在某种程度上，从混沌中创建体系、发现联系、提取规律的渴望是所有科学家的通性。而对柳比歇夫而言，分类学是他的专业。分类学与太阳系、与元素周期表、与方程组、与植物分类、与血液循环系统都有联系：到处都有体系，到处都需分类。

分类学是他的使命。分类学是他的武器，他由此引申到哲学、历史。

他想成为林奈[1]那样的人，发现新的、越来越深地埋藏于大自然之中的体系。

在1918年的记事本中，他构建了一个又一个的体系，甚至对"愚蠢"进行了分类——有益的、有害的、进步的，等等。他论述大学章程的缺点，随即试图构建一个章程体系。

他的生活由各式各样的体系进行规范：资料保存体系、通信体系、照片保存体系，等等。

1　卡·林奈（1707—1778），瑞典博物学家，创立动植物双名命名法，极大地推动了动植物分类研究。

难以计数的日期、姓名、事实，借助某种机巧的体系存放在柳比歇夫的脑袋里，任他信手拈来。至少看上去如此。每逢需要时，他从来不需要"在记忆里乱翻"，随手便可提取，就像从书柜中抽出需要的手册一样。

他率先在生物分类学中使用判别分析。他以数学来武装自己最心爱的分类学。生物学体系，或者说生物学分类，在带给他纯粹的美学愉悦的同时，又以其不可思议的复杂和完美令他心生惆怅与哀愁。

那些昆虫在生理构造上的多样性令人吃惊，这对他既非干扰，亦非分散精力，而是惊讶的源泉，而这种惊讶往往能够引领科学家迈向发现。他渴望弄清楚有机体的真正秩序，也深知这一任务的浩瀚无垠。

或许在大部分人看来，很多物种的分类学已基本穷尽了，比如，鸟类、哺乳动物类、高等植物。但此处不妨回想一下伟大的冯·贝尔[1]所说的："科学，其追求是永恒的，其规模是不可穷尽的，其目标是无法企及的。"

---

1 冯·贝尔（1792—1876），德裔俄国生物学家、人类学家和地理学家，比较胚胎学创始人。

和很多人一样，我之前对于昆虫分类学的看法傲慢至极，认为那根本算不上科学，充其量只是爱好。捉蝴蝶，捉蚊子，再一只一只规规矩矩地钉起来——这难道是大老爷们儿该干的正事儿吗？恐怕只有儒勒·凡尔纳笔下的主人公才会因这种怪癖而感到骄傲。

　　可事实上，分类学如今已经成了一门需要借助于数学和计算机的复杂科学，群论、数学分析等各类数学分析模型在其中的应用日益广泛。

　　昆虫学、分类学……翅膀被摊开，用大头针钉住的蝴蝶标本，以及蝴蝶、扑虫网——这些几乎是轻佻的象征。可偏偏就有不少科学家年复一年地研究蝴蝶翅膀上的花纹。按说，这大概便是最不着调的抽象科学了吧，与生活脱节，躲进象牙塔，毫无益处，等等。然而，列宁格勒的科学家鲍里斯·尼古拉耶维奇·什万维奇正是通过对比这些花纹，思考其中的几何图案与色彩组合，而为形态学及进化论研究找到了极其丰富的材料。在他眼中，蝴蝶翅膀上的花纹变成了可以阅读的文字。造化如此神奇，哪怕最不起眼的小甲虫体内也蕴含着众多的普遍规律。蝴蝶翅膀上的花纹并非独立的，而是至今成谜的普遍之美的一部分。该如何解释贝壳和鱼儿的美丽，抑或花朵的芬芳与雅致？这样的完美和令人震撼的色彩组合究竟是出自谁的需求？大自然又是如何将尽善尽美的纹彩绘制到蝴蝶翅膀上的？

在当今时代，必须拥有足够的勇气，方能投身于受人轻慢的事业。勇气，以及热爱。自然，每一位真正的科学家都热爱自己的学科，尤其是在研究对象本身就很美的时候。但除了星星、蝴蝶、云朵、矿物之外，还有一些研究对象，它们的美除了专家外，是没有人能够看见的。这多半是指那些抽象科学，比如，数学、力学、光学。

当然，还有很多奇奇怪怪的研究对象。比如，著名细胞学家弗拉基米尔·雅科夫列维奇·亚历山德罗夫曾兴致勃勃地向我描述细胞的行为，说细胞无疑是拥有灵魂的。而柳比歇夫自然坚信，昆虫学是最高尚、最崇高的科学。它能够让人永葆童年时代的优秀品质——直率、朴素和对万物的惊奇，对此他有着切身体会。想想看，一位受人尊敬的老先生，在众目睽睽之下，突然发足狂奔，蹚过水洼，去追一只小甲虫，这实在需要孩童般的纯粹与无忌。至于说昆虫学家总被人当成傻子，柳比歇夫说这反而是好事，因为这样他们就可以无所顾忌地出入最荒蛮的地方，人们即使笑话他们，也只会把他们当成没有恶意的疯修士。

他们也的确是一帮怪人。他们中的有些人对自己研究的昆虫爱得发狂。卡尔·林德曼[1]说他平生最爱三种生物：步行虫、女人和蜥蜴。他每捉住一条蜥蜴，总会亲一亲它的头，然后放掉。柳比歇夫打趣说："想来，他对女性也大抵如此。"

在位于奥赫金公墓的什万维奇的墓碑上，雕刻着墓主人最心爱的蝴蝶翅膀的花纹。

同样以昆虫学家作为起步的查尔斯·达尔文回忆道：

> ……剑桥的哪一门课程都不像搜集甲虫能让我干得那么起劲，带给我那么多的乐趣……任何一位诗人看到自己发表的第一首长诗时的激动，都远不及我在斯蒂芬斯的《大不列颠昆虫图鉴》上看到那行具有魔力的铅字："由查·达尔文阁下捕捉。"……

柳比歇夫对于昆虫学的偏爱如此之深，以致在有关问题上失去了一贯的容让、公正乃至幽默。他不肯原谅普希金在蝗虫调查一事上的刻薄态度。1824年春，赫尔松等地发生蝗灾，新西伯利亚边疆区行政长官沃龙佐夫派时任秘书普希金前去调研。大诗人普希金对这份差事深以为耻，五天后就回来了，并

1　卡·林德曼（1844—1929），俄国动物学家、比较解剖学家、昆虫学家。

提交了一首打油诗作为调研报告：

> 蝗虫飞呀，飞呀，
>
> 落下来，
>
> 吃呀，吃呀，
>
> 吃光啦，
>
> 蝗虫飞走了。

柳比歇夫证明，正是自此之后普希金对沃龙佐夫心生怨恨，讽刺他是"半无知、半卑鄙"的小人。柳比歇夫写道：

> 我很清楚，普希金的报告是讽刺挖苦。但派他去调研蝗灾，我并不觉得是对他的羞辱。据我所知，普希金当时的职务是特别事务官。那时候还没有昆虫学专家，因此派他这样机敏博学的人前去调研再合适不过。他在受灾地区不会遭遇任何危险，还可顺便考察民情……何况他也该休息休息了，省得老是无节制地向敖德萨的太太们大献殷勤，包括沃龙佐夫夫人在内——他在这方面耗费的时间和精力可比蝗虫调研多得多了。

柳比歇夫坚信，自己的健康和工作能力都得益于昆虫学这一最为美好的专业。昆虫研究成了他生活的一部分，为其增添了体力劳动和机械性工作的愉悦。

昆虫学、分类学、跳甲——尽管为此免不了与新达尔文主义者们唇枪舌剑，但总的来说，还有什么能比这更安宁、更僻静的学术避难所呢？这是最与世无争的专业，远离务实科学的紧迫与焦灼……

第十二章

一切皆有代价

20 世纪 30 年代，柳比歇夫在全苏植物保护研究所工作。研究所当时设在列宁格勒叶拉金岛上的叶拉金宫。

柳比歇夫研究了有害昆虫的经济危害。他从数学方法着手，得出了令所有人略感震惊的结论——害虫造成的损失在很大程度上被人为夸大了，其破坏力其实远远低于当时的普遍观念。他曾前往波尔塔瓦州，调研据说被草地螟损毁的甜菜地。田地看上去很奇怪：不见甜菜，遍地滨藜。扒开滨藜丛，柳比歇夫发现了虽被滨藜压制，但完全健康的甜菜嫩芽。他立刻就明白了，根本不是草地螟的错。集体农庄的领导们辩称，草地螟确实闹过，多亏打了农药，否则早就把甜菜吃光了。柳比歇夫无可辩驳，毕竟查无对证了。可第二天，他无意中发现了某座宅院旁的一块甜菜地，蓬勃茂盛，完全没有受灾迹象。一问方知，原因很简单：田主人对"自家的"甜菜照料得很精心。最终，农庄主席和农艺师只得承认，是庄员们不肯下地干活，甜菜长荒了，根本不关草地螟的事。

在乌克兰北部的调研让柳比歇夫确信，草地螟在其他地区基本上也没有造成危害。北高加索一传来信号，柳比歇夫就急忙赶过去，仔细察看了当地领导声称的受灾农田，同样完全找不到受灾的直接证据。保守点儿说，灾情肯定是被夸大了，危害程度是存疑的。

他追着信号到处跑。在罗斯托夫市，有人对他说，某集体农庄的向日葵受损了。他跑过去一查——向日葵压根就没种。他去济莫夫尼基镇调研过黄鼠灾害，在阿塞拜疆研究过秆锈病的危害，在格奥尔吉耶夫斯克区考察过苹果树苗圃。

阿尔马维尔市、克拉斯诺达尔市、塔洛瓦亚镇、阿斯特拉罕市、布琼诺夫斯克市、克里米亚州——他的足迹遍布整个俄罗斯南部。

当时的苏联农学界普遍认为，害虫，特别是粮食害虫造成的损失不低于10%。柳比歇夫不认同这一数据。他通过大量的田野考察，加之对美国数据的研究，将这一数字降低到了2%，并将其写进了报告。随后他又证明，被视为害虫的瑞典麦秆蝇并不总会导致小麦和大麦减产。柳比歇夫对自己的研究结果反复验证了 3 年，这才公之于众。他不得不给出一个符合逻辑的结论，即农业害虫防治部门的工作成效被夸大了，坦率地讲，长此以往，这个部门不要也罢。

不禁要问，要不要这个部门，关你柳比歇夫什么事？轮得到你来操心吗？好吧，就算你证实了，草地螟的危害被夸大了，汇报上去了，这也就够了嘛，作为科学家的责任已经尽到了……难道他就不明白，有太多形形色色的人需要这个部门的存在，需要把那些蝇子、蛾子、蜂子列为害虫吗？有时候，甚至连集体农庄也希望这样，还有些别的什么人……

他大概是知道的。他在农村和城镇跑了那么久，见惯了玩忽职守、千方百计寻找替罪羊的集体农庄领导。他一定是懂的，所以才会认真备战，以先进的变分统计武装自己，打磨农业昆虫学这柄利器。如今，掌握了严谨翔实的数据，他便可以向所有人证明，苏联对害虫经济危害的数据核算有多么无知。

"无知"——他选择了这个自认为最贴切的字眼，尽管他完全可以换一个措辞，毕竟他说的那些人个个顶着偌大的头衔和奖项。当时还普遍认为，粮食害虫在全国受灾地区的分布大体是均匀的，由此得出结论，害虫防治工作需要全面铺开。但这一任务无疑是力不能及的，无论是人力，还是农药。柳比歇夫则证明，粮食害虫的分布极不均匀，只需小范围防治即可，从而可以节省数百万卢布。

但部门领导并不在乎是否节省。他们只感到自己被冒犯了，被激怒了，这才是最重要的。而冒犯者必须付出代价。

1937年，全苏植物保护研究所学术委员会召开了一次著名的会议。会议持续了5个小时，从头到尾都在讨论柳比歇夫的工作。遗憾的是，和往常一样，他们讨论的与其说是问题，莫如说是"问题者"本人。与会者纷纷指责柳比歇夫一以贯之地、别有用心地低估害虫的危害，企图消解与害虫的斗争……此外还说他是个活力论者。在那个年代，这些定论无疑是极其危险的。"害虫"这个字眼有着双重含义。害虫的辩护人和帮凶……最令他们愤怒的是，受批判者并不打算低头认罪，反而在总结陈词中说，最近几年，他的确修正了自己的部分观点，但从来不是出于对命令的服从。他说他需要证据。看来，证据是唯一能够对他产生作用的东西。

学术委员会将柳比歇夫的观点斥为谬误，提议向全苏最高学位鉴定委员会提出申请，剥夺其大博士学位。这一提议获得一致通过，但柳比歇夫丝毫不以为意。他认为，在科学领域，投票是不作数的，科学不是议会，多数人往往是不正确的。

不能说他对现实一点儿不懂。在学术委员会做出这样的决定之后，他完全可能像他自己说的那样——"去吃牢饭"。

但他没法不这么做。人们突然发现，他有时无法按照清醒的理智去约束自己的行为，哪怕是出于科学利益、自我目标等方面的考虑。就算是自我牺牲也总要有理由的吧，可若是他被捕了、被当成了害虫或者帮凶，又能给谁带来什么好处呢？事情是明摆着的，没有任何明智的理由这么做。

可他却不知死活地固执己见。

一反他素来为人称道的理性主义。

这总是令人惊诧的——总有那样的瞬间，人会突然触碰到不受逻辑与理性支配的界限，撞上一个不可理喻的、无从解释的、被良心或者其他什么东西竖立起来的精神支柱："我必须坚守，非这样不可。"

在最高学位鉴定委员会做出决定之前，奇妙的命运又来了一次大洗牌：全苏植物保护研究所的所长被捕，在众多罪状中有一条便是"迫害研究人员"。这无异于在政治上为柳比歇卡平了反，最高学位鉴定委员会最终保留了他的大博士学位（当然，这也得益于施马尔豪森院士对他的辩护）。

10 年之后的 1948 年，在全苏列宁农业科学院，同样的剧情再次上演。

尽管听上去有些奇怪，但屡屡帮他脱困的，正是他陈述自我观点时的直率与坦白。他实在像极了那些年的话剧和电影里的那种冥顽不灵的老教授，时不时便被女清洁工、老工人或者富于政治觉悟的小孙女训斥、劝诫、教训一通。

有一次，一位年轻学者对柳比歇夫表示羡慕，说他一辈子风平浪静，诸事顺遂。柳比歇夫按照自己的一贯作风，直接给对方开列了一张倒霉清单：

5岁，从柱子上掉下来，摔断了胳膊；

8岁，被石板压了脚；

14岁，做昆虫切片，割破了手，得了败血症；

20岁，重度阑尾炎；

1918年，肺结核；

1920年，大叶性肺炎；

1922年，斑疹伤寒；

1925年，极度神经衰弱；

1930年，受康德拉季耶夫[1]案牵连，险些被捕；

---

1 尼·德·康德拉季耶夫（1892—1938），苏联经济学家及统计学家，以大经济周期分析理论（又称"康德拉季耶夫周期"）闻名于西方经济学界。后因反对农业全盘集体化等政策被逮捕并枪决。

1937 年，在全苏植物保护研究所被批判；

1939 年，在游泳池跳水没跳好，得了乳突炎；

1946 年，遭遇空难；

1948 年，在全苏列宁农业科学院被批判；

1964 年，后脑勺重重地磕在了冰面上；

1970 年，股骨颈摔断……

这还不算其余大大小小的意外。柳比歇夫是典型的倒霉体质。他不懂得规避意外，回避危险的争论，绕过容易打滑的地方，一旦跌倒，便头破血流……

第十三章

关于矛盾

柳比歇夫偶尔会把自己的年度总结（当然，不是全文，只是片段，年度总结本身是要存档的）寄送给朋友们。他将其戏称为"年度咨文"，其实就是他根据朋友们的询问写成的一封封信，汇报自己今年完成了哪些工作，正在做什么，身体状况如何，等等。原本枯燥的年度报告变成了寄给友人们的年度咨文。对于过去一年的描述既活泼又严肃，连同一切灾祸、苦难与欢乐：

> ……1月狠狠地摔了一跤，后脑勺撞在冰面上了。我生平头一回体会到什么叫作"记忆出窍"。我倒是没昏过去，可等我爬起来之后，我完全忘记了自己本来是要去

看望一位熟人的……并没有留下什么不好的后遗症，我甚至觉得自己因祸得福了。这样的先例有的是：据说，都主教菲拉列特·德罗兹多夫年轻时资质平平，只是个牧羊人，后来不知怎的，前脑门受了重重的一击，就此能力大爆发，当上了都主教。至于说他是个出了名的反动分子，这也不难理解，毕竟他是前脑门受了打击，所以才倒退了。反之，若是后脑勺受了打击，人就会获得前进的动力。俄国民族之所以能力出众，想必正是得益于"打后脑勺"这一传统俄式教学法。虽说我由此发现了打后脑勺的科学原理，但还是决定不去身体力行了……

话说回来，档案留存的那些长篇累牍的、充斥表格和图表的年度报告又是做给谁看的呢？他是在向谁汇报呢？假如说只是为了分析过去的一年，那未必需要列出读过的所有书目、所有通信人、看过的所有歌剧……顶多给出一个数量参数也就足够了：读了多少卷、多少页，用了多少小时，等等。柳比歇夫的报告却分明有种向谁汇报的感觉。向他自己吗？这听上去固然很美好，却不大现实，更多的是种人为的臆测，文学的成分多于生活。什么叫作"向自己汇报"？这非得有近乎滑稽的精神分裂不可：我给自己写信，向自己汇报，等待自己的裁决……

我想，情况可能并非如此，年度报告是出于分析的必要性：随着年纪的增长，柳比歇夫越发感到时间的宝贵。每个成熟的人都会有这种感觉，而他的感觉尤为迫切。时间统计法让他学会了尊重时间的每一个分子，学会敬畏时间。

了解他的人都知道他这一特点。

帕维尔·格里戈里耶维奇·斯韦特洛夫写道：

柳比歇夫生命中的时间并非他的私产，而是拨付给他用于科研的，这也正是他一生的职责和至乐所在。为了完成自我使命，他努力地节省时间，计算归他支配的每一小时、每一分钟。

如此说来，柳比歇夫是在汇报时间的开支，那些拨付给他的、借给他的时间……谁拨付给他、借给他的呢？这已经涉及他的生命哲学了，包括他对于目标、对于理性、对于存在奥义的态度，而这些东西是我很难搞懂的。我甚至不敢去触碰。

我只清楚一点：他的时间统计法并非计划工作者的精细预算，而更像是一种对时间自白的需求。

如果说阿尔贝特·施韦泽对生命心存敬畏，那么柳比歇夫则对时间心存敬畏。他的时间统计法正是源自他对于时间的崇高责任感，其中蕴含了他对于人、对于整个民族、对于历史的理解……

他之所以做了那么多，正是由于遵循了自己的时间统计法，他从不会觉得半个小时微不足道。

他的大脑堪称一台生产思想、理论和批评的高精机器。这台机器善于发现并提出问题，并且能够在任何条件下正常运转。它被精确设定为只针对最重要的生物学问题，自1916年以来无可挑剔地连续运转了56年。不，柳比歇夫并非机器人，完全不是。正如上文所说，他也会痛苦，也会开心，也会做出不理智的举动，给自己惹来麻烦。在其他一切方面，他同样受到人之常情的支配。

他本人曾说："在我看来，将人看成机器是种迷信，跟占星术那套没啥区别。"

根据占星术理论，人的命运是由星体决定的，但柳比歇夫的命运却由他自己决定。

对柳比歇夫而言，预先注定的不是命运、行动或者感受，而是他的工作。至少，这是他的时间统计法的逻辑必然。为了达成目标，一切都已经安排好、计算好了。为此，他规划、核算，按照收支做好分配，然后还要汇报自己朝着目标前进了多少。

然而，越往前走，道路就越扑朔迷离。他时不时便会偏离方向。他常常平白无故地、长时间地分心旁骛，似乎忘记了自己的主要任务。偏偏他还不是个虎头蛇尾之人，一旦开始了某项工作，便一定会进行到底。可问题是，这项工作原本是不相干的、完全没有预见的。

1953 年，他不知怎么想的，突然开始写作《论李森科[1]的生物学垄断》。起初不过是某些实际性的建议，最后变成了一部长达 700 多页的著作。1969 年，他又出乎意料地写出了《科学史的教训》，还写了追忆父亲的文章；在《文学问题》杂志发表《达顿考——普希金〈金鸡的故事〉与历史》；接着又没来由地怒批《劳合·乔治回忆录》；又突然写了关于堕胎的论文；然后是关于叔本华格言的随笔；紧接着是《论叙拉古战役在世界史上的意义》。叙拉古关他什么事？真是莫名其妙！

可说来也怪，就连苏联研究古希腊罗马史的知名专家也来找他商榷，将自己的论著寄给他指正。他俨然一位古希腊罗马史学权威。史学家们所敬重的，是他独到的思想。在历史学领域他同样拥有自己的观点和见解，近乎离经叛道。

1　特·杰·李森科（1898—1976），苏联农学家、生物学家。

他在那篇关于叙拉古的论文中写道：

想当初，若是雅典赢得了那场战役，也许就能将整个希腊并入自己的统治，建立统一的国家，希腊文明或许便能延续下去……对于这一观点，我一向欣然接受。雅典简直是历史上的奇迹——那么小的一块土地，何况还分裂成了无数城邦，却产生了高度发达的、至今令人赞叹的文明：艺术、文学、哲学、科学，乃至民主制度的最初尝试……如此灿烂的雅典，却遇到了它的宿敌斯巴达，粗鲁的武夫之邦，毫无文化遗产……唯有火热的狂妄自恋与局限性。

和所有人一样，柳比歇夫同样认为，真理站在雅典这边，由杰出的亚西比德[1]率领的雅典人理应获得胜利。但是，请注意下面一句话："但如今，一系列考量让我彻底地转变了对雅典在世界历史上的作用的看法。"接下来，他依次列举了那些理由，并给出了详细的论证。

不知道的也许会以为，论者的专业便是雅典史，或者至

1　亚西比德（前450—前404），古雅典将军、政治家，在反对斯巴达的战争中遭遇败绩。

少是古代史，是某些新的史料促使他重新反思，更正了之前的学术观点。谁会想到，这篇历史学论文竟出自一位生物学家之手呢？问题的关键在于，雅典在世界历史上的作用，何以竟会令他如此在意？

如今，他已不在了，什么都无法向他求证了，只能去他海量的书信和手稿中寻找答案了。通过研究他的年度报告，我发现，当时他正在撰写一部关于文明兴衰的著作，由此才想到了雅典的历史作用问题。而他之所以探讨文明兴衰，主要是为了批判英国最权威的遗传学家罗纳德·费希尔[1]的社会达尔文主义观点，后者试图将社会学纳入生物学，证明遗传学是人类进步的主导因素，是文明兴衰之由。所以，那绝非闲来无事的卖弄。柳比歇夫的很多看似偶然的工作，似乎都能找到与其终极任务的关联与必然。

但也有一些完全是八竿子打不着的。比如，他干吗要写关于马尔法·博列茨卡娅[2]的论文，又为何去研究伊凡雷帝？当然，这些也都能找到依据和理由。最好的理由便是——弱

---

[1] 罗·费希尔（1890—1962），英国统计学家、生物进化学家、数学家、遗传学家和优生学家。

[2] 马·博列茨卡娅（？—1503），诺夫哥罗德公国女贵族，曾率领公国与莫斯科公国抗衡，最终失败。

点。柳比歇夫显然不善于自我限制，他极易对不相干的事物着迷，卷入不相干的争论中去。道德公设与他何干？不是有哲学专家呢吗，他撞了哪门子邪，非要去写50多页的《评劳合·乔治回忆录》？这简直是不可容忍的奢侈嘛！只有闲得无聊的头脑才会这么做……

但是，有句老话叫："仅为医者，难为良医。"科学家亦是如此。倘若科学家只是科学家，那他就不可能成为大科学家。当幻想与灵感消失之际，创造能力也会随之退化。创造力需要发散，否则科学家就只剩下了对事实的追逐。

枝枝节节占据了越来越多的时间。柳比歇夫时常抱怨，说他无法回避周围世界的热点话题，但我想，他恐怕连自己的热情都无法控制。他管不住自己的头脑，若论精神上的食欲，他无疑是个馋猫或者吃货。他的强大逻辑犹如饕餮，遇见美味便食指大动，难以自持。

这些跟他的时间统计法如何相容呢？完全不相容。时间统计法变成了一把乐器，他兴之所至，想弹什么就弹什么。

他精打细算节省下来的时间，都花到什么上头去了呢？亲人和朋友们经常为此责怪他。当他计划撰写一部巨著，打算为生物学的地位辩护时，"应不应该"的问题便被朋友们尖锐地提了出来：

……在您的来信中，让我觉得最关键也最具说服力的一点，是您觉得自己的沉默是一种病，而沉默本身恰是病因所在。这是美好的男性特质……我发现，你们男人显然比我们女人更具社会责任感，一旦你们无法在科学与艺术中道尽心中所想，便会生病，乃至死去……可要知道，您对科学同样负有责任啊，而这才是更深层次的社会责任，它需要您守在显微镜前，撰写科研论文……有两种责任，一种是服务于科学本身，一种是为这门科学在当下的地位辩护。我不认为后者重于前者。须知，前者才是关键。前者意味着发现与成就，前者决定着后者。

朋友们的意见归结为一条：科学家的职责仅在于完成自己的直接任务。他们认为，科学批评在重大问题的解决中只发挥次要作用："这与其说是科学争论，莫如说是策略、政治。这些问题应当交由党和政府去解决。"

这种担忧不无道理，甚至堪称远见卓识。不出所料，他的确为此冲撞了研究所领导，被迫递交了辞呈。当然，后来他的正确性得到了承认，他又被请回了研究所。但问题恰恰在于"后来"——多年之后，在那个美好的将来，正义得到伸张，罪恶得到惩罚；可眼下呢，每个人都能对他说：看看，坏了吧，你这么干值得吗？

即使离开了研究所，他也照样完成了自己的书稿。凭逻辑而论，他未必能说这部书稿抵得过所有不幸，值得他为此割舍自己的主要工作……关键是良心，公民的良心。或许，起决定性作用的正是良心——这种雾蒙蒙的、与理性毫无关联的物质。可就连他的良心也在作痛，因为他舍弃了、丢掉了自己毕生的事业。他似乎总在"自费休假"，而且是向自己心爱的工作请假。请假去干吗？为真理而斗争吗？可这并非他的使命啊，他是个科学家，他探求的是真相，而非真理。必须——非必须，应该——不应该：他的良心分裂了。他感受到了这种病态的矛盾，感受到了仗义执言与闭门治学之间的激烈争论。他明白，在某种意义上，他在自我牺牲，在搁置心爱的事业。他牺牲了自己的时间与安宁。他无法为自己找到折中之法。

在他漫长的一生中，这一争论从未休止，一直无解。内心的争论使他变得越发敏感，无法容忍生命中的任何丑恶。从未消寂的争论哺育了他的德行。他似乎萌生了一种全球感，他意识到，历史就在他身上发生，为他而发生。国家的命运就是他个人的命运。这就是公民责任感。难怪他如此尊崇季米里

亚泽夫 [1]，因为后者在忠于纯粹科学的同时，肩负起了一位科学家对于人民的社会责任。所谓全球感，就是对于全人类的归属感。

在柳比歇夫的偶像当中，还有爱因斯坦、开普勒和列奥纳多·达·芬奇，换言之，各种类型的科学家。他欣赏达·芬奇勇于否定教条和一切权威，并以数学的方式对待各种现象。达·芬奇是位信徒，但柳比歇夫指出，宗教并没有将他推向消极避世，而是激发他去创造。达·芬奇的道德思想，甚或马基雅维利的道德思想，都没有令柳比歇夫感到不满：

> 他们之所以被视为非道德，只是因为，他们提出的新道德看似非道德。而事实上，那同样是苏格拉底式的崇高道德，是用理性为道德辩护。

柳比歇夫一贯歌颂理性，然而自己却常常不顾理性，鲁莽行动。尽管他极其自律，但每到时间结算时，他就总会发现，那些挥霍是他支付不起的。

可是，谁又能准确区分"正业"与"非正业"呢？谁又

---

1 克·阿·季米里亚泽夫（1843—1920），俄国博物学家、植物生理学家、莫斯科大学功勋教授，在俄国率先宣传达尔文进化论。

敢说"人就当如何如何"呢？我们哪儿能知道呢？万一正业离不了非正业呢？想一想牛顿的不务正业吧。牛顿本人将《评先知丹尼尔之书》视为自己毕生最伟大的建树。他在神学上花费了大量时间，很多科学史学家对此扼腕叹息，就连普通民众也认为这些时间是白白浪费了。但事实上，牛顿的宗教观念与其科学观点非但是兼容的，甚至是相互助益的。谢尔盖·伊万诺维奇·瓦维洛夫[1]在他那部出色的《牛顿传》中强调了这一悖论，柳比歇夫在此之后证明，牛顿在解决万有引力定律问题时，需要用什么东西来填充宇宙空间，最后他选择了上帝。有了上帝的参与，牛顿才能解释万有引力。神学研究反而给牛顿带来了益处，正如开普勒对于占星术的痴迷帮助他发现了月球引发潮汐的正确理论一样。

安娜·阿赫马托娃[2]写道：

你怎知道，从哪一堆垃圾里

会不顾羞耻地，长出诗歌

1　谢·伊·瓦维洛夫（1891—1951），苏联物理学家，苏联物理光学学派创始人，苏联科学院院士、院长。

2　安·阿赫马托娃（1889—1966），俄国白银时代女诗人，20世纪俄国文学核心人物之一。下文引用的诗句出自其著名组诗《手艺的秘密》（1965）。

占星术耽误开普勒了吗，妨碍他了吗？什么是正业，什么又是多余？该由谁来评判呢？又比如，较之于音乐，理查德·瓦格纳[1]更加珍视他的诗歌。万一他是对的呢？说不定正是诗歌帮助他写出了音乐呢？……万一柳比歇夫的"不务正业"同样促进了他的科学研究呢？

1965年冬，柳比歇夫对窗玻璃上的冰花图案看入了迷。他拍了数百张冰花照片，最后写成了《论冰花图案》一文。

他毫不介意这个小品文式的标题是否会招致嘲笑：瞧啊，一位退休的老教授想要从冰花图案中汲取科研灵感啦！

对于冰花这种尽人皆知的现象，还能道出什么新意呢？有谁没见过冰霜在窗玻璃上画出的茂密灌木呢？有谁看不出那些图案与植物、蕨类、草木的奇特的相似之处呢？

的确如此，人们已经被冰花图案惊艳了千百年，观察过千百万次，还能有什么新发现呢？然而，在一个偶然的冬日，有一个人看见了这些花纹——以前所未有的视角。他发现的不是相似，而是相似的规律性。他只比寻常人多迈出了一步，自所有人心满意足地停住脚步的地方多迈出了一步。相似的规律

---

1 理·瓦格纳（1813—1883），德国浪漫主义音乐大师、作家。

性，亦即自然体系中的建构与和谐的普遍法则。它们可以用数学表达出来。柳比歇夫著作的研究者之一尤里·阿纳托利耶维奇·施赖德尔[1]指出，在这篇论文里，柳比歇夫提出了两个新的科学方向：相似性理论和不占空间的对称式理论。冰花图案出人意料地补充了柳比歇夫构建的整体世界图景。他时时处处不忘收集材料，他善于从司空见惯的现象中发现新的、更加深入的理解，由此将寻常变得非同寻常。对真正的科学家而言，最微不足道的事物同样能够成为发现的源泉。

索菲亚·柯瓦列夫斯卡娅[2]通过研究玩具陀螺，创新式地解决了固体旋转难题。开普勒曾受酒商之托，计算酒桶容积，从而写出了《酒桶的新立体几何学》，其中蕴含了无穷小分析的萌芽。康托尔[3]借由对圣三位一体的深入思索，创立了19世纪最伟大的数学成就之一——集合论。就连当代的博弈论，不也是从纸牌游戏中诞生的吗？……

责怪柳比歇夫精力分散的那些朋友，自己也在津津有味地阅读他那些"不相干"的论著。而我最感兴趣的也正是那些

---

1 尤·阿·施赖德尔（1927—1998），苏联数学家、控制论专家、哲学家、信息学专家。

2 索·瓦·柯瓦列夫斯卡娅（1850—1891），俄国数学家和力学专家，全球首位女性数学教授。

3 格·康托尔（1845—1918），德国数学家，集合论的创立者。

令他分心的产物。它们总是出人意表，引人入胜，发人之所未发。比如，他对阿蒙森[1]传记的评论，他对《尼古拉·亚历山德罗维奇·莫罗佐夫[2]文集》的评论，他对维尔高尔长篇小说《变性的动物》[3]的思考。他的专业著作我看不懂，我能看懂的恰恰是这些面向大众的作品，再有便是其专业著作中的普及性内容。他经常在专业著作中论及历史与哲学。比如，在他去世后见刊的论文《"多"与"单"》中，他别具一格地提出了一个又一个问题：外星球生命、发展理论、天体生物学、进化过程调节法则、恩格斯和列宁对进化论的阐释……

又有谁说得准，柳比歇夫的著述中哪些能够传世呢？说不定恰恰是普通哲学或者科学学领域的成果呢。他本人并没有考虑过这一问题，而是采取了帕斯捷尔纳克[4]式的态度：

别人会沿着你的足迹

---

1 罗·阿蒙森（1872—1928），挪威极地探险家，全球首个到达南极点的人。

2 尼·亚·莫罗佐夫（1854—1946），俄国革命家、科学普及者、文学家。

3 维尔高尔（1902—1991），法国作家和插图画家。《变性的动物》（Les Animaux Dénaturés）发表于1952年，反映了作家对人类生存条件的现状及前景的悲观情绪。

4 鲍·列·帕斯捷尔纳克（1890—1960），苏联作家、诗人、翻译家，1958年凭借长篇小说《日瓦戈医生》获诺贝尔文学奖。下文诗句出自《做个名人并不体面》（1956）一诗。

丈量你走过的道路

而你自己却不应区分

失败，抑或胜利

不，应当区分。

诗人被允许的，科学家却不被允许。科学家不应丧失自我批判的能力。他必须区分结果是否有效，工作是否必要，失败抑或胜利。柳比歇夫创建、打磨时间统计法绝不是为了这个，他节省时间也不是为了将它们花在令他分心的问题上。他在某种程度上贬损了自己的时间统计法。时间统计法没能阻拦他、抵制他，反而像辅佐他的强项一样效忠于他的弱点。

可是，假如从某一刻起，柳比歇夫已经没法不这么工作了呢？对令他激动不安的问题做出回应的渴望，变成了他的天性需求。若果真如此，那他又何苦非要拧着自己呢？他渴望在各式各样的著作中尽量充分地展示自我理性的方方面面，探究一切令他触动的东西。在他看来，道德问题有时比科学问题更重要，令他无法置之不理。

话虽如此，但如果这都不算分散精力，那什么才算呢？

作家塑造的人物，其行为时常会违背逻辑：照理本该那么做，却在情感的支配下突然做出了连作家本人都未曾预料的举动。人物的行为完全不适合局面，却又符合人之常情。在这种情况下，人物便接近于活生生的真人了，其矛盾性是令人信服的，作家本人通常也会感到满意。

但同样是这位作家，假如撞见自己的某位熟人做出了反常举动，那他一定会想要找到一个符合逻辑的解释。假如他想要讲述这个人，或者某个历史人物，那他就无论如何都要弄清楚其行为动机，以便一五一十地和盘托出。换言之，必须消灭任何矛盾性。

我对柳比歇夫的讲述正是如此。我必须解释他的行为，发现个中秘密所在。我坚信，一定是我自己还没有悟透，或者对他的了解还不够深入。

或许是我没有考虑到他热爱交际的天性，又或是他想借由历史和哲学，表达我们这辈人在那些年的共同关切。所以他才会对伊凡雷帝、对伦理学产生兴趣。

又或者，是因为他提出的生物学问题触犯了大量根深蒂固的偏见。无论柳比歇夫研究什么——辩证法、历史、力学、哥白尼学说、伽利略学说、柏拉图哲学……他的见解总与前人不同；他在哪儿都能发现别人的谬误，于是便忍不住要去纠正。见人之所未见是种令人苦恼的天赋，较之于乐趣，更像是一种折磨。

但柳比歇夫没有回避这些谬误，而是与之战斗。可谬误像九头蛇的脑袋，砍一个，长一个。于是他便长一个砍一个，就像屠蛇英雄赫拉克勒斯。只不过，并没有任何人交给他这个任务，也不会有人注意到他的功勋。

那么，他究竟为了什么呢？他必须这么做吗？可这并不符合任何逻辑呀。柳比歇夫按照时间统计法生活，后者要求他遵循逻辑，帮助他筛选最理性、最成熟、最有利的方案。还有什么比这更好的参谋呢？只有在一种情况下，时间统计法会失灵，那就是当他不顾自我利益行事时。面对本性的矛盾，时间统计法也无能为力。时间统计法只能以强逻辑代替弱逻辑，而在这种情况下，根本没有逻辑可言，完全与理性背道而驰。时间统计法建议他这么做，可他偏要那么做，盲目蛮干，几乎选择了最不利的、最不可预见的方案……

为什么？我突然意识到，并不需要回答这一问题。这个问题是不合理的，愚蠢的。再不必追问下去了。我已经挖到了再也无可解释的东西——基岩。

了解一个人，就是要看到他的矛盾性。

我了解了，却无法解释。了解与理解，绝非一回事。

不过，这些矛盾性并没有削弱他的力量。对于生命、对于自我、对于科学的思索并没有降低他的积极性。行动欲增强了，思维在鞭策他。他不怕被人质疑，如此笔耕不辍、干劲十足究竟有何意义。他只坚信一点，并且反复重申：谁默认了现实，谁就是不相信未来。

但这一招也并不总能奏效。他也想什么闲事都不闻不问，只埋头于自己最重要的、唯一的、毕生的工作。他也想同现实和解，不去理会。可他做不到。他被分成了好多瓣儿。他的心裂开了一道缝。这很痛苦，但更痛苦的是，他自己也不知道，他是在履行自我职责呢，还是在违背它？他是在牺牲自我呢，还是在逃避战斗？……

时间的管道

上一版《奇特的一生》，我为之撰写导读的时候还是 2013 年，转眼已是十年。再往前，第一次读到这本书时是 2005 年，距今已经十八年了——岁月如梭。

没有人不知道时间的重要，没有人不在意时间的宝贵，然而很少有人真正能够做到善用时间。《奇特的一生》这本书，在我的生活里是至关重要且不可或缺的存在。甚至，它是 2007 我开始认真创作《把时间当作朋友》时脑子里的一个重要线索——"时间是不可管理的，真正能够管理的是自己"，柳比歇夫就是明证。

"想过"与"写过"很不一样。"仅仅想过而已的念头"随时可能忘记，甚至随时可以丢弃，可是"认真写过的东西"却不一样——更不消说"已经出版的东西"——它会成为抹不去的痕迹，就在那里，时时刻刻都在提醒自己"怎么可以背弃"？

有一个现象，叫作"鸡尾酒会效应"：

> 每个人终其一生听到的最多的"名词"大抵上是自己的名字——
> 于是，在人声嘈杂的鸡尾酒会上，只要有人提到自己的名字，
> 无论距离多远，声音多小，都会引起自己的注意……

"时间"对我来说，竟然成了比自己的名字更加引人注目的名词。写过《把时间当作朋友》的我，为《奇特的一生》撰写过导读的我，只能对时间越来越重视。甚至，无论做什么都不可能不考虑"时间"这个要素。

读《奇特的一生》的时候，我还在新东方当老师；上一次为《奇特的一生》写导读的时候，我已经转行做投资。2019 年，我写了一本《让时间陪你慢慢变富：定投改变命运》，其中的一个重点就是：时间竟然是投资活动中不可或缺的生产资料！

到了 2023 年，我在自己社群中的课程《思考的真相》里以及同年出版的《财富的真相》里，都讲过这么多年来我自己对时间的感受。

早先，我们还在学校里的时候，物理课上老师会告诉我们："时间是一种尺度，是标量，包含时刻和时段两个概念，籍由时间，事件发生之先后可以按照'过去—现在—将来'之序列得以确定……"随着时间的推移，年龄的增加，人们会感觉时间对自己来说是一个"矢量，有起点，有终点，有方向。

然而，我们也许应该修整一下对"自己的时间"的认识及感知。在我看来，它可能不只是一条"射线"，更像是一条直径不断扩大的"管道"，通往未来。

每时每刻，时间就好像是个"容器"，里面装着的是"过往到现在经历过、做过的所有人和事"……显然，每个人的时间容器大小不一。

"时间"这个容器，有起点和终点，但在起点和终点之间，"时间"更像是一条"管道"，而不是一条"直线"。有的人在相同时间里做的事情比别人更多，效率更高，那么此人的时间就和别人的时间不一样，"直径"更大，"管道"更粗。有的人在很长时间里什么有意义的事都没做，那么此人的时间就只不过是一根"直线"而已……

2020 年的时候，我做过一场回顾讲座，标题是"十年五本书"。从 2003 年我

开始写书,六年内写了两本书 —— 《TOEFL 核心词汇 21 天突破》和《TOEFL 高分作文》。从 2009 年出版《把时间当作朋友》算起,随后的十年里我一共写了五本书,另外四本分别是《通往财富自由之路》《韭菜的自我修养》《自学是门手艺》和《让时间陪你慢慢变富:定投改变命运》。2020 年我做讲座前后,还有另外一本《微信互联网平民创业》出版。

我的时间"直径"越来越大,我的时间"管道"越来越粗。

2022 年 4 月,我遇到一个令我特别恶心的坏人,对我做了很多坏事,搞得我心情极其糟糕。到了 5 月,我开始想办法转移注意力。当然,我已经对这种做法习以为常了,"遇到问题解决问题""能解决多少解决多少""无论解决得怎样,下一步都应该是'干活儿去',并且,最好是'干赚钱的活儿去'……"。

干什么活儿赚钱啊?生产、销售、投资,反正,绝对不能把时间这个终极生产资料浪费到没有产出的地方去……

我开始写课。2019 年之后,我写得更多的是课而不是书(就是不一定非要出版纸质书)——创作的工作量只是比写书略微大一点点——然后再通过社群销售出去。从 2022 年 5 月 12 日开始,先是《家庭教育的真相》,而后是《学习的真相》,再然后是《教练的真相》《人工智能时代的家庭教育变革》,以及 2023 年 5 月完稿的《财富的真相》。

从刚开始六年写完两本书,到后来的十年写完五本书,到现在的一年写完五本"书",我的时间"直径"越来越大,时间"管道"越来越粗。到最后连我自己都有点震惊。从 2003 年到 2023 年,整整二十年过去了,站在起点上的我全然无法想象现在的情况……

我们的时间不仅仅是一根射线,它其实是条可以越来越粗的管道。

到最后,大家之间相互可以比较的,不是"长度",也不是"面积",而是"体积"。仅仅比较一维的"长度",能有多大差异呢?如果比较每时每刻的"面积"呢?那差异就太大了,人和人的"生产效率"大不相同,十倍甚至数十倍的差异也并不令人惊讶……

到最后,每个人的"时间"差异,实际比较甚至不是"面积"而是"体积",那差异可就太大了,难以想象——弄不好很多人的"时间体积"可能是长期积累者的 $(\frac{1}{10})^3$ 而已(其中,$n \geqslant 0$)……"生产效率"的提高,事实上是有"复利效应"的——只是很多人不相信而已,也有很多人费尽口舌向别人证明"相信'复利效应'太天真甚至太愚蠢"……另外,做到的人是如此之少,乃至于我只能拿我的个人经历作为例子去说明,幸亏,我这二十多年里在这方面的经历,的确见地公开透明。

可以说,我个人的"时间的形状"之所以是现在这个样子,与《奇特的一生》这本书有不可想象的关联。

对一些人来说,文字就好像是空气一样不可或缺,仅仅是通过文字,我知道了柳比歇夫。我不仅无比感激柳比歇夫,也同样无比感谢作者达尼伊尔·格拉宁,也感谢译者李春雨——都是不曾谋面甚至无法谋面的人,却在我的生活中起了那些熟人甚至亲人都无法起到的作用。

真把时间当朋友的人: 李笑来

2023 年 7 月 12 日,于北京

第十四章

幸福的失败者

　　柳比歇夫完成自己制订的计划了吗？大自然赋予了他（又或是他从大自然那儿索取了）一切条件：出众的能力、长久的生命。他创立了时间统计法，终其一生都在遵循它（尽管常有偏移），从中汲取时间与力量……

　　可惜，他的宏大计划没能完成。临近暮年，他才意识到，自己的目标没有完成，也永远完不成了。借助时间统计法，他能够精确地算定，自己距离曾经制定的目标还差多少。在72岁那年，他决定集中精力完成《两种路径：德谟克利特与柏拉图》一书。他预计此书将耗费7~8年时间，将成为他人生中最后一部也是最重要的一部著作，将致力于厘清普通生物学概念。

随着工作的进展，中心部分开始不断增添普通哲学思索以及各种人文学科的内容——这并非偶然，因为他要论述的正是人类认知统一的问题。

他花了几年时间才写到哥白尼。他意识到，自己怕是无法囊括生物科学了。具体分类学领域的研究计划也未能完成。从 1925 年开始，他便一再窄化自己的昆虫研究。他放弃了种子害虫，只留下跳甲，而且仍需缩减。截至 1970 年，在准确鉴定性别方面，他只完成了 6 个小类。计划那么多，完成的却那么少！研究跳甲 45 年，成果却如此微不足道。

他的朋友鲍里斯·乌瓦罗夫跟他同时起步，这些年来，从 2000 种非洲蝗虫中鉴别出近 500 种新物种。乌瓦罗夫一生专注于蝗虫研究，成了全球首屈一指的专家，"二战"期间治理了非洲的蝗灾，并因此荣获了英国、比利时、法国颁发的勋章。诚然，乌瓦罗夫给自己制定的任务有所不同，可毕竟……

柳比歇夫曾设想将跳甲研究与普通理论问题联系起来，却没能来得及。所以说，这方面也遭遇了失败。当然，他在害虫防治方面还是有所建树的，在昆虫学领域也取得了一定的成果（这些成果的价值如今正日益凸显）。比如，他得出结论：分级系统并非通用的。这一结论不仅适用于生物学一门学科。他的著作吸引了数学家、哲学家、控制论专家。还是有很多值得慰藉的。但研究设想未能达成。他为之创立时间统计法，并据此规划生命的那个目标没能达成。真不走运。他是个不幸的人。

他属于那种能够突破自我极限的人。他的体格未见得有多好，但得益于自律的生活方式，他度过了长久且基本健康的一生。他能够在最复杂的情况下忠于自己的专业，他几乎总能研究他想研究的，干他喜欢干的事。如此说来，他不是又可算作一个幸福的人吗？

可幸福又在哪儿呢？他精心制订的、精打细算的计划落空了。其中任何一项的完成情况都未能达到预期。大部分著作在他生前未能发表。最不甘的是，他的预想没有让人失望，后来的确被证明是最紧要的，而他已经以自己的无数著作无限接近了它，已经能够看见它有多么美好，多么重要，触手可及。他看得清清楚楚，但生命的期限终止了。他需要的并不多，再有一次生命就足够了。他苦涩地意识到，自己算错了，一切都是徒劳。除了不幸，还能叫什么呢？——不幸的人！

他具备一切获得盛誉的条件：意志力、想象力、记忆力、使命感等一切品质，而且比例协调。比例协调很关键，堪称核心所在。略微过头或者稍有不足，都将导致徒劳无功。我认识一位物理学家，他原本至少可以提出三项重大发现，但每次他都犹疑再三，反复验证，直到被人抢了先机。是他的过分谨慎害了他，他太害怕出错了。他少了那么点儿不管不顾、无所畏惧的冲劲。光有思虑还不够，还需要性格。

柳比歇夫什么都不缺，而且一切都恰到好处。倘若他能把目标设定得小一点儿，也许能够获得更大的成就，获得法布尔或者乌瓦罗夫那样的名望……

他不走运，被自己的天性耽误了。可谁又能料到，事情会这么复杂呢？他在着手干事时，一贯遵循着伊万·安德烈耶维奇·克雷洛夫[1]的教导："想让事业得到令人欣慰的结局，就要从事适合的工作。"他的确干了适合的工作，却未能得到令人欣慰的结局。

失败者。他如此自嘲。

可为什么，随着时间的推移，越来越多的年轻学者，甚至是成名的大学者都被他吸引？为什么在各大讲堂里，人们满怀敬意地聆听他的话语？为什么他自认为是个幸福的人，度过了幸福的一生？他就像《圣经》里的施洗约翰，为生物学的新理解铺平道路。他播种，虽然明知看不到出芽。

在他的内心有种信念，即他眼下所做的一切终将派上用

---

1 伊·安·克雷洛夫（1769—1844），俄国戏剧家、寓言诗人，与伊索、拉封丹并称世界三大寓言家。

场。在他之后生活的人们将会需要他。这种慰藉更常见于艺术家，而非科学家。其实，当代人也同样需要他，而且各有各的需要。

不久前，在论及柳比歇夫去世后见刊的一篇论文时，苏联著名科学家谢尔盖·维克多罗维奇·迈恩[1]和阿列克谢·弗拉基米罗维奇·亚布洛科夫[2]写道：

> 在生物学家当中，柳比歇夫是著名的反对派，他坚定地反对当下最流行的、将物竞天择学说与种群遗传学成果融合起来的进化论观点。由于生物学的一切普遍问题几乎都与进化论有着直接或间接的关联，这也就难怪，在这些问题上柳比歇夫往往会与主流观点相左了。这种一贯的反对派立场是极其可贵的。甚至很多学术论敌也都感激柳比歇夫的睿智批评……看来，科学离不开柳比歇夫这样的批评家——即使他们后来被证明是错误的。

若说柳比歇夫不能容忍什么，那便是：不容争辩的真理、

---

1 谢·维·迈恩（1935—1987），苏联地质学家、进化论者、古植物学家。

2 阿·弗·亚布洛科夫（1933—2017），苏联及俄罗斯生物学家、社会活动家和政治家。

自负而武断的结论。他在一封信中写道：

> 您提出了一个论点：科学与普遍真理相关，哲学却连一条公认的真理都没有……亲爱的，您是从哪个月球上掉下来的？现如今的情形恰恰相反：最精密的科学中没有共识，有的只是巨大的分歧。拿数学来说，有着一系列的非欧几何学，数学哲学领域更是一片混乱……尤其是概率理论和数学统计学理论！天文学已经不止一个拉普拉斯[1]理论，而是一堆；在地球起源方面，除了冷缩理论之外，同样众说纷纭……您可能会说："但总会有些不可动摇的事实啊，比如，地球是球形的，而不是一张饼。"地球不是一张饼，这倒是确定无疑的，至于说地球的真正形状，目前的观点多得惊人……有一门关于地球轮廓的数学理论，认为地球的形状是与其演变史相关的。尤其指出，月球和地球曾经靠得如此之近，几乎构成了一个整体……科学越不精密，就越少变动，而在精密科学中，一刻不停地发生着巨大的重构……

---

1 拉普拉斯（1749—1827），法国天文学家、数学家，天体力学的集大成者。

他具有科学持异见者的独特才能，善于对看似不可撼动的原理提出疑问。有时候他驳斥、推翻的那些东西，在我看来原本是不言而喻的，这点很令我深思。或许这才是最重要的：他激活思维，唤醒早已忘却思考的人们去思考。说来奇怪，但懒于思考恰恰是很多学者的通病。督促他们思考的器官退化了。更何况，不思考丝毫不会影响学术指标……

一位年轻有为的科学家向他抱怨，说自己没有时间思考，他回信说：

没有时间思考的科学家（假如不是短期内，而是一年，两年，三年），是没有指望的，倘若他不能调整自己的工作，以便留出足够的时间去思考，那他最好放弃科学……眼下您已经是大博士了，拥有很高的地位。您不必再急于朝前奔了，而应该努力了解自我。您为自己设定了怎样的目标？假如您想在科学中取得最大限度的成果，那就必须为思考留够时间……《观察与思考》，伟大的冯·贝尔正是这样命名自己的著作的。而在当代著作中，往往观察很多，思考很少……您的哲学见解（和十部分生物学家一样）跟某某（一位作家，写了很多蹩脚的生物学文章——引者注）的生物学见解处于同一水准：

非但是完全的无知，甚至是对迷信的教条主义论证。科学家可以无视哲学吗？可以，但那样的话就千万别再引用哲学论据……请您抽出时间，好好想想，眼下最令您觉得无可争辩的是什么。在填上这个窟窿之前，别去写畅销书，否则就别去碰进化论，因为没有时间思考的话，您是肯定吃不透的。

能否以某人设立的目标去衡量他？究竟该用什么去评判人的一生？益处吗？那么，人才的益处是不是比庸才多一些？而天才的益处自然又多过人才！可没有才能也不是罪过呀？而有了才能就一定有功绩吗？不错，天才的科学家对科学的贡献大于一般的科学家。但天才科学家所代表的，与其说是他本人，莫如说是大自然。

柳比歇夫并非天才；天才通常是完结者，注定由他来完成无数先知为之求索的事业。柳比歇夫之所以令我感兴趣，恰恰因为他并非天才。因为天才无法分析，研究天才徒劳无益。天才只供赞叹。柳比歇夫不是天才，却实现了自我，正因如此，其秘诀才值得效仿。虽然他本人并没有制造任何神秘感，相反，他一贯否认关于其工作能力的神话。

除去时间统计法，他还有以下几个原则：

1. 不承担硬性任务；

2. 不接受紧急任务；

3. 一觉得累，立刻停下来休息；

4. 保证充足睡眠，一天 10 小时；

5. 将累人的工作与轻松的工作穿插进行。

以上原则未必普遍适用，它们只是柳比歇夫的个人经验，是他根据自己的生活特点和身体条件制定的，他研究了自我工作能力的心理机制，从而找到了最佳模式。

他几乎从不抱怨没有时间。我早就注意到，会工作的人，时间总是够用的。或者莫如说，他们的时间似乎多于其他人。我不由得想起，在拉脱维亚的尤尔马拉写作营时，康斯坦丁·格奥尔吉耶维奇·帕乌斯托夫斯基[1] 总爱长时间地散步，同时兴致勃勃地讲着欢乐的故事，让人感觉他似乎闲得没事。他从不着急，也从不说忙，到头来却比我们中间的任何人写得都多。什么时候写的？不知道。

像柳比歇夫这样的人，似乎与时间建立了某种不为人知

---

1 康·格·帕乌斯托夫斯基（1892—1968），苏联作家、编剧、记者、翻译家，代表作有散文集《金蔷薇》（1955）等。

的秘密关系。他们无所畏惧地直面永不餍足的时间之神。

人类对时间总抱有敌意。空间、物质，这些东西都被人驯服了。唯独时间，亘古便野性难驯。自人类眺望宇宙深处以来，便听得到世界时钟数十亿年未曾中断的嘀嗒声；当人类目睹星系的坍塌时，时间似乎变得更加可怕了。

我震惊于柳比歇夫的勇气，他竟敢去触碰时间的肉体。他善于触摸跳动的、滑脱的当下。他敢于以天和小时为单位，测量不断消融的生命。他小心翼翼地抻长时间，握紧时间，一点儿也不肯浪费。他对时间像对赖以活命的面包一样珍惜。他根本无法想象，竟有人会"杀死时间"。任何时间对他而言都是福祉。他将时间用于创造，认知，享受生命。他对时间充满虔敬。事实上，人生并不像想象中那么短暂。问题不在于寿命或者劳作强度。柳比歇夫的经验在于，人可以活在每一天当中的每一个小时，每一个小时里的每一分钟，并且保持恒定的产能。人生足够漫长，完全可以在尽情工作之余，读好多书，掌握好几门外语，还可以去旅行、听音乐、陪伴孩子、感受农村和城市、侍弄花园、指点后辈……

如果我们自己慢了，那人生就快了。

我们只活在优选的时刻，只记得住生命的浓缩。半小时对我们来说算不上时间。只有当时间汇成了海洋，铺成了广场，我们才准备一展身手。一旦时间不够充裕，我们就会借口外界干扰或者客观条件。客观条件真是屡试不爽的好借口！用来推卸责任实在太方便了……

浑然不觉间，这些借口已经腐蚀、削弱了我们的心灵……写到这儿，我想起了我的一位朋友的悲剧。他曾经是位优秀的学者，后来成了某个大研究所的领导。与之命运极其相似的还有两位作家，其中一位是我的熟人。他们都被职务占据了大量时间，影响了研究和创作，久而久之，他们习惯了以客观条件作为托词。三人都渴望卸下职务，总说到时候他们就能专注于心爱的事业了，因为利用零碎时间写书、搞科研是不可能的。终于等到了卸任的日子，可他们很快便发现，自己已经不会创作和研究了。他们久久不愿承认这一点，想方设法延迟卸任，逃避他们曾经心心念念、努力争取的自由。科学家开始酗酒，最终自尽了。两位作家则悄无声息地沉寂了……

柳比歇夫自称失败者，同时却又觉得自己是个幸福的人。其幸福感从何而来？就他而言，或许是充分地实现了自我，发挥了自己的才能。失败与幸福——我不知道二者是如何兼容的。或许是他明白，重要的并非结果……

他不舍得花时间去编辑部奔走，兜售自己的作品，为了出版百般求告。

连不得不做的拜访和节庆他都尽量回避。

但有一件日常事务，他毫不吝啬时间，那便是通信。我指的不是与亲友们的通信。亲友之间的通信，花再多时间都能理解。我指的是事务通信和学术通信。学术通信里净是些长达 10 页、20 页、40 页的密密麻麻的机打稿。其中有对别人寄来的摘要和论文的修改建议，有书评，有文献分析。人们向他请教的问题真是五花八门！关于皮埃尔·泰亚尔·德·夏尔丹，关于心灵感应，关于适应问题，关于混沌的本质，关于昆虫命名，关于人口学，关于抹香鲸……

我们随便找一年，来展示一下他的通信规模：

1969 年。收到 410 封信（有 98 封来自国外）。写了 283 封信，寄出 69 封邮件。

他的收信人中包括各种研究所、科研团体、院士、记者、工程师、农艺师……有些信写着写着，就写成了学术论文。他与某些学者的通信，比如，帕维尔·格里戈里耶维奇·斯韦特洛夫、伊戈尔·叶夫盖尼耶维奇·塔姆、阿列克谢·弗拉基米罗维奇·亚布洛科夫、尤里·阿纳托利耶维奇·施赖德尔、雷姆·巴兰采夫[1]、奥列格·加里宁[2]，几乎构成了学术述评、学术对话和学术争论，完全可以结集出版。

单以柳比歇夫个人的学术信函而论，那些装订起来的厚厚几本，便堪称一部百科全书，涉及当代自然科学、哲学、历史学、法学、科学学、伦理学……

我一直理解不了，以前的人是怎么写出那么多的书信的。这简直是一门消失的艺术。而作为我们的同时代人，柳比歇夫的通信规模无疑更令人吃惊。

他在一封信中介绍了自己的复信原则。他每月都会制订回信计划。每收到一封信，他都会做出标记，决定是否需要回复。

> 对于急信我会立即回复，其余的则暂缓回复。赶上正在写作重要作品，就先把全部通信暂时搁置一段时间，除了急信。

可有人说，应当有信必回，而且要立刻回复，否则就是不礼貌。当然，在以古代赞歌风格写成的当代名人传记中，经常见到一些完全可疑的美德，好比显圣者尼

---

1 雷·巴兰采夫（1931—2020），苏联及俄罗斯空气力学家、哲学家。

2 奥·加里宁（1946— ），苏联及俄罗斯冶金学家。

古拉的传记中说，这位圣徒一生下来就无比笃诚，遇到大斋日便不肯吃母乳……在私人通信中，任何义务都应当是相互的。我认为，无论是在国家关系，还是个人关系当中，都务必遵循伟大的、上溯至柏拉图的契约精神。谁也无权要求别人回信，回信要么是通信双方的约定，要么是出于情分（绝非必须的）。我总是尽量回复一切信件，因为我所保持的适度通信能够为我带来愉悦，它不仅不会妨碍我的主要目标，相反，在很大程度上还会有所助益。

阅读柳比歇夫的通信也是种独特的愉悦。它们展示了柳比歇夫的多面才华，这让他能够整体地看待世界。任何遥远而奇异的东西、任何零星的残片，到了他那儿总能变成某个宏大整体的局部，拼接出完整的画面。他善于为一切事物找到位置，并教导人们如何找回这一丢失的整体性思维。

可是越想越觉得懊恼——他怎么舍得如此挥霍宝贵的时间呢！不是用于社会利益，而是为了某个单个的人，而且常常是他并不认识的人。他的有些回信简直就是成形的论文，拿去就能发表；其他的回信里则引用了大量的资料；他慷慨地分享自己的思想、创意、多年来的观察，而且如此翔实、细致，仿佛这就是他的本职工作。为此他花费了那么多的时间。要说兴趣爱好倒也罢了，比如，写写历史论文，可那毕竟是用来发表的，而这可是私人信件，除了收信人自己，恐怕再没有第二个人会看到。

这又是分散精力的事情，又是矛盾。一分一秒节省下来的时间，却大手大脚地花在回信上，由此招来更多的来信……何况收信人当中还有些不道德的人，将那些成果据为己有，不劳而获。

按照我们的法则去评判，事情正是如此。但柳比歇夫自有他的法则。每一封书信都有收信地址和收信人，不同于论文和著作，期待回信的不是泛泛的读者，而是某个具体的人，而对柳比歇夫而言，人永远比时间珍贵。正如真正的医生总会为每一位患者竭尽全力，柳比歇夫对于需要他的人也从不吝啬，哪怕是他最为珍惜的时间。在他身上没有那种吞噬一切、排斥其余的科学痴迷。科学与研究不是也不应当是最高目标。应当有比科学、比时间更珍贵的东西……

行文至此，我想到了杰出的苏联画家帕维尔·尼古拉耶奇·菲洛诺夫[1]。他大概是我所知道的人当中最为痴狂的一个。

---

1 帕·尼·菲洛诺夫（1883—1941），苏联画家，俄国先锋派艺术领袖之一。

菲洛诺夫狂热地忠于自己的艺术。他过着苦行僧式的生活，经常挨饿——并非他挣不到钱，而是他不想靠绘画挣钱。他为人偏狭，从不接受任何妥协。据他的妹妹叶夫多基娅·尼古拉耶夫娜·格列博娃回忆，他的画室（同时也是他的住所）完全是斯巴达式的。对于其他画家，能被他批评还算好的，更多的时候他根本不予承认。对自我艺术的痴迷令他拒斥其余一切艺术流派，认为唯有自己的绘画才是正统的、革命的。他毫不顾惜自己的身体，既不在乎亲人，也不理会任何艰苦，唯一令他全身心投入的只有绘画。绘画，绘画，还是绘画。站在画布前，探索新的手法和技巧——这些，唯有这些才是他的生存方式，他的生活……当然，这种为艺术而献身的精神或许会令人肃然起敬，却很难令人亲近。但另一方面，菲洛诺夫的画作是令人震撼的。那么，是痴迷和狂热使然吗？他的那些献给革命的、献给彼得格勒工人阶级的宏伟画卷渗透了激情，每一个微小的局部都栩栩如生，所有这些都是拜痴迷所赐吗？这么说，痴迷有助于才能？难道痴迷就没有任何坏处吗？话又说回来，我们只需欣赏菲洛诺夫的画卷就好了，又何必追究他为此付出了何种代价呢？

倘若能够帮助画家，痴迷又有什么不好呢？科学家也同样如此，重要的是成果，揭示新的真理……

似乎的确如此，但不知为何，对于痴迷，我仍像之前那样没来由地反感、排斥。翻看菲洛诺夫的画集时，我常在感激之余心生懊恼，打心眼里排斥他的生活方式，想不明白他是否正确。作为一个人，他有没有权利这样做？……

书信是柳比歇夫为数不多的向人们提供实际帮助的方式之一。这让他不计成本，甚至忘记了时间，毫不吝惜地倾尽所有。对于来信请他指正的论文，他无私无偿地写出翔实的评论，挑出错误，找到疑点，像一位编辑那样，纠正、指点、建议。哪怕是不熟的人甚或陌生人的来信，他也从不拒绝。

他完成的工作量堪比一整个"学术服务部""咨询中心"或者类似的机构。除了学术建议之外，还有道德建议。他当仁不让地扮演导师的角色，教导、要求、评判。对我个人而言，道德教诲是他书信中最宝贵的部分。例如，他在一封信中写道：

……关于奇热夫斯基[1]，我不确定您是正确的，我更倾向于认为，您是错误的。您写道："如今我搞清楚了两件事：（1）奇热夫斯基声称流行病与太阳活动有关，这

1　亚·列·奇热夫斯基（1897—1964），苏联生物物理学家，航天生态学奠基人之一。

是骇人听闻的骗局，自然探索者协会却上了当……"奇热夫斯基的著作我读得不多（我记得是一整卷，法文版的），那是很久以前了。您说他是个骗子和无赖，那就意味着，您确信他的所有数据都是无知的、虚假的，而且是为了达成个人的可耻目的……哪怕他的结论是完全错误的，也不能由此断定他就是个骗子和无赖。您就拿莫罗佐夫来说吧。我读了他写得很出色的《暴风雨的启示》和《基督传》（足有 7 卷）。莫罗佐夫有句话说得很对，他说，如果受到"权威"学者支持的那些理论，能够收集到像他这么多的论据，那就算得上"论证充分"了……但他的结论是荒谬绝伦的，在他看来，王国都是一样的，无论是古埃及、古罗马还是古以色列；基督等同于圣徒瓦西里[1]，恺撒大帝等同于君士坦丁大帝，古耶路撒冷其实就是庞贝城，犹太人是意大利人的后裔……这些观点能接受吗？我是不敢。但不能就此断定，莫罗佐夫就是个骗子和无赖。只能说，莫罗佐夫或许真的收集了一勃朗峰之巨的事实，然而却有一喜马拉雅山之巨的事实能够驳倒他。可要知道，同样的话完全适用于达尔文主义，

1　圣徒瓦西里（330—379），希腊大主教，教会作家、神学家。

对此我坚信不疑。达尔文及其追随者们的确收集了一勃朗峰与其观点相符的事实，但我的博学让我有底气断言，与达尔文主义相左的事实堆成了喜马拉雅山，而且每年都在增高……

接下来他又写道：

 ……有人会说，达尔文主义好歹得到了合理的结论，莫罗佐夫的结论却是愚蠢的……但莫罗佐夫并非所有的著作都是荒谬的。他的《物质结构周期律》得到了化学界的极高评价，其中预见了零族元素、同位素，等等。他无疑是个极具天赋的人，但他的独特生活只令他天赋中的一面得到了发展——极其罕见的想象力，而他的批判性思维却发育不足。那么，该如何对待莫罗佐夫呢？接受他，还是推翻他？都不是，应当将他作为构建批判性认识论的材料……可以批判奇热夫斯基，将其结论驳斥得体无完肤，但这只能说明他的观点是错误的（就像莫罗佐夫一样），并不意味着我们有权称他为骗子。而且我感觉，您对奇热夫斯基的排斥是基于泛泛的"方法论"方面的考量。对此，我坚决反对。精密科学的历史在很大程度上就是一场"星象影响派"（包括哥白尼、开普勒和牛顿）与其反对者（最杰出的代表为伽利略）之间的斗争。前者认为天体会对地球现象产生影响，后者则完全否认这一点。传统占星家以草率的方法决定个体命运，这是他们错了；而他们的反对者们，虽极不情愿地接受了宇宙引力原理这一"星象影响派"原则，却竭力阻止它继续发展。最近几年，星象影响派原则似乎在步步紧逼：磁暴、太阳辐射、流行病与太阳活动的关联似乎是极有可能的。可要知道，流行病是由病菌引起的呀！没错，让我们回想一下马克斯·冯·佩滕科弗[1]与罗伯特·科赫[2]的争论吧：后者称霍乱是由杆菌引起的，前者为了推翻这一观点，喝下了一试管的杆菌，却一点儿事也没有。可他真的推翻科赫了吗？……

柳比歇夫摆事实，讲道理，诲人不倦地提升着科学道德准则。人们愿意听他的。一方面，人们和他争论，生他的气，但另一方面，人们最需要的，恰恰是他在道德方面的严格要求。

---

1 马·冯·佩滕科弗（1818—1901），德国博物学家、化学家、卫生学家。

2 罗·科赫（1843—1910），德国医学家、微生物学家、卫生学家，病原细菌学的奠基人和开拓者。

我甚至觉得，人们恰恰需要柳比歇夫来批评他们，责备他们。

柳比歇夫抓住一切机会呼吁人们包容持异见者，在争论中保持真诚、有理有据。他属于那类极少数的人，与其争论是愉快的。在与强大的对手辩论之前，他总要努力地理解对方观点的合理之处。

> 真正的科学家和真理探索者从不抱有绝对的自信（我指的是在那些存在争议的知识领域），他会不断地提出新的论据来赢得对手的同意，但不是为了傲慢的优越感或者虚荣心，而主要是为了检验自己的见解。直至彻底理解了对手的整个论证过程，并且坚信，对手的观点并非基于严格客观的数据，而是基于这样或那样的成见，他才会停止争论，因为继续争论已经毫无意义……严肃的争论只有在这种情况下才能结束，即一方能以同等程度的说服力陈述对方观点，并对其加以论证，揭示对方的根本谬误所在。

其论辩规矩的严格与慎重，堪比决斗法则：

> 错误出现之处，便是科学家的极限所在。一个从不

犯错的人，等于从未尝试过自己的极限。这种人是值得指摘的，因为较之于履行职责，他更看重心灵的安宁……

一个宣誓效忠真理的人，无论他对真理的扭曲多么微小，都是对职业操守的破坏，完全等同于抛弃阵地的军官的罪行。然而，触犯军法的军官会遭到严惩，背叛真理的科学家却能逍遥法外，生命和自由都不会受到威胁。正因如此，背叛真理比临阵逃脱的罪过更加可耻。这样的科学家至少应该遭人唾弃。

类似的论述比比皆是，让人忍不住想要一一列举。其中大部分并非严苛的要求，而只限于观察和思考，这点也很特别。

彻底否定"目标为手段辩护"这一信条是完全不可能的，只能努力将负面手段的使用最小化，而且不能仅仅因为坏的手段服务于好的或者可以接受的目标，就把坏的手段说成好的。

我认为可以提出这样一种普遍的道德公式，它可以将现存的所有公式囊括进来：一个人的所作所为应当促进人类的进步，即精神对物质的胜利。

为了对抗大恶，可以使用小恶；一切恶都是相对的，任何恶都可以使用，只要它能小于必须对抗的恶。

以及——

个体的永生从来不曾令我向往，包括在儿时，当我真诚地相信永生时。我想象不出，我要在永生里干什么。我曾经设想，灵魂会像天使那样飞翔。当然，飞翔的确挺美（我不止一次梦到过自己在飞，那感觉好极了），可飞个一年两年还行，老那么飞也就没意思了。我想，这种低级形态的永生是不存在的。但高级形态的永生同样未必存在。阿·康·托尔斯泰[1]说："很快，我们所有人便会融入同一种爱里。"这其实更像是佛教中的涅槃，而非个体的永生。

1　阿·康·托尔斯泰（1817—1875），俄国作家、诗人、剧作家。

他在一封信中引用了列斯哈夫特[1]的名言："在 100 个走过冬宫桥的人当中，有 96 个能成为一流的动物学家。"接下来他写道：

> 列斯哈夫特只说是"动物学家"，而没说"科学家"。或许，在很多科学领域，只凭埋头苦干便能获得进展，取得一定的成绩。不搞科学的人，比如，列夫·托尔斯泰，在遇到搞科学的人之后，往往会得出"科学用处不大"的结论。但也有一些科学是需要特殊才能的，比如，数学；但众所周知，我本人也亲眼所见，在同一个人身上，罕见的数学天赋往往是与其他领域的极大盲区并存的。天赋和聪明完全不是一回事。聪明人有可能是毫无天赋的。甚至有句俗话叫："正常人是庸才，天才是疯子。"尼采说："天才和学者总是相互敌对的……"

柳比歇夫永远不会成为谁的信徒。熟知他的数学家兼诗人尤·弗·林尼克写道："柳比歇夫创造潜能的最出色之处在于，他促使每一个思考真理、善、良知等普遍范畴的人解放自

---

1 彼·弗·列斯哈夫特（1837—1909），俄国生物学家、解剖学家、人类学家、医生、教育家、社会活动家。

我的独特性和独立精神。"

柳比歇夫甚至在严肃的科学论著中也会加入道德教诲：

> 几乎每个人都必然依靠某种牢靠的、绝对准确的东西。倘若没有绝对而完全的权威和信仰，即使是高智商的人也很难生存……对权威的追随并不是无意义的，它能够促使人的思维在特定方向增强，防止其散漫生长，就像给果树剪枝一样。
>
> ……
>
> 传教士的狂热取代了思想家的狂热，后者为了确立新学说宁肯牺牲自我，前者则一贯以自己的反对者作为献祭。
>
> ……
>
> 宗教人士中有截然不同的两类：一类人将宗教视为对终极真理的探索，另一类人将对真理的探索视为真理，莱辛[1] 就属于第二类人。我们共同的朋友别克列米舍夫属于第一类，而我属于第二类……第二类人中当然包括一切持异见者，在基督徒里面，第一类人的领袖是"身

1　戈·埃·莱辛（1729—1781），德国启蒙运动时期最重要的作家和文艺理论家，笃信"理性的基督教"，反对教会教条，提倡包容其他的世界性宗教。

疑的多默¹"。可要知道，多默并未遭到教会谴责，我甚至记得，有首赞美歌里还唱道："多默的不信是善意的。"照我说，怀疑论者和持异见者是被纳入全宇宙的人员配置表里的。

倘若从柳比歇夫的著作和书信中摘取道德教诲，或许能够编成一部《生活道德录》。即使不是完备的道德学说，至少也会是一部独特而准确的道德纲领。别的且不说，单是他对于"正派人"的看法就足够独特的了。在他看来，所谓"正派"，无非是说某人的智力和道德素养符合集体水平，而这是远远不够的。柳比歇夫要求真正的道德，即人应当自主提升自我道德素养，道德不是循规蹈矩，而是克服与修炼。他明白，这样的人永远不多，却永远足够，足以推动人类的道德进步。

柳比歇夫之所以视季米里亚泽夫为科学家的典范，绝不仅仅因为后者的学术成就，或者某些令他羡慕的科研才能，而首先是因为其道德品质。柳比歇夫与季米里亚泽夫并无私交，也没有专门研究过其生平，他对季米里亚泽夫的印象来自其学术著作。其中最令柳比歇夫倾心的道德品质有两点：第一，忠

---

1 多默，俗译"多马"，耶稣十二圣徒之一，因主张对主复活持"不见不信"的态度而被人称为"多疑的多默"。

于纯粹科学；第二，对社会及人民的责任感。在很多人看来，这二者是无法兼顾的。

一些科学家选择了前者，钻进了象牙塔，自认有权忽视时代需求，更有甚者，这些人往往将纯粹理论科学与奇技淫巧、空泛无用的学说混为一谈。另一些人表达了为人民和社会服务的意愿（往往只是口头上），却局限于狭隘的实践主义，结果既不能推动理论，也无法促进实践。对于这些人，季米里亚泽夫在其真正的杰作《路易斯·巴斯德》一书中给予了有力的驳斥。

这部优秀的传记同时向我们揭示了季米里亚泽夫的另一杰出品质：他不会将科学家的学术贡献与其世界观掺和到一起。巴斯德是虔诚的天主教徒，而季米里亚泽夫是战斗的无神论者，但当某些唯物主义者单凭情感站到巴斯德的对立面时，季米里亚泽夫则坚定地站在了巴斯德那面。

冯·贝尔、法布尔、哥白尼、柳比歇夫对于任何一位科学家的景仰，首先都是基于道德因素的。而且还不是泛泛的道德，必然是某些具体的道德品质，某些细腻的、积极的心灵特性，引发了柳比歇夫的赞叹。

他一以贯之地利用一切机会盛赞自己的两位挚友——弗拉基米尔·尼古拉耶维奇·别克列米舍夫和亚·加·古尔维奇。爱因斯坦和甘地同样令他钦佩不已。

在紧张探索的精神生活中，他所崇敬、所喜爱、所效仿的榜样一直在变。追踪这个具体变化的过程或许也会颇有趣味。关于柳比歇夫，永远不能说"他成为"，而只能说"他正在成为"。他一直在寻找，在改变，在重新审视，不断提升着对于自我和理想的要求。

时间统计法帮助他，或者迫使他这样去做。

第十五章

本章最好命名为"诱惑"

倒也不必将柳比歇夫视为彻底的利他主义者。他在写信上花费了大量时间，但这些书信反过来又帮他节省了时间。装订成册的回信副本摆在书架上，和读书笔记放在一起，柳比歇夫从中汲取论文题目。有些回信的内容几乎被整个搬进了论文。时间统计法帮助他充分利用数十年来积攒下的海量资料。

在时间统计法的辅佐下，尽管周围局势风云激荡，但柳比歇夫的生活仍然保持了科学家们梦寐以求的安稳。时间统计法像节拍器那样有节奏地、无休止地计算着一月月、一年年，让人无法忽略时间的流逝。

时间统计法为柳比歇夫创造了最大限度理性而健康的生活。它使他一贯如此投入，能够轻易忽略很多日常生活上的艰辛与苦楚。它让他不急不恼，泰然自若地面对人们的庸俗与愚蠢，以及工作上的烦琐和混乱。因此他心神安宁，神经健全。

他所需要的极其有限：有地方放书，有地方干活，外加安定。当然，想要"安定"绝非易事。在当今时代，"安定"无异于稀缺品。因为"安定"的概念通常意味着：城里要有大房子，郊外要有度假屋，还得有高档汽车、高档家具。而柳比歇夫从不追求这些，他所需要的安定是再简单不过的那种——安静，没有急事。

他有过很多次机会过上舒适的生活，而且不必做出多大的让步或妥协。时不时便会有很高的学术职务摆在他面前，只要稍微使点劲儿，他就能够晋升……但这些他全不稀罕。他不需要任何超出必要限度的东西。倒不是他刻意约束自己不去享受，而是他压根就不需要这些被旁人视为必需的东西。当他参观某些同事的豪宅时，看着那些家具和装潢，看到每一个门把手都耗费了那么多人力与物力，他会惊讶地重复某位哲学家的感叹："竟有这么多我用不着的东西！"

这就是自由。他是自由的。但周围的人，他的亲友们却为此苦不堪言。他周围的人都是普通人，无法满足于他认为足够的生活条件。他们苦于他无休止的忙碌，干不完的工作，像童话里那只磨盐的石磨，一刻不停地磨呀，磨呀……

他被人当成怪人。对此他欣然接受。苏格拉底也曾被人当成怪人，而且这也完全符合苏格拉底的性格本质。柳比歇夫深知，既然走上了持异见者的道路，就少不了遭遇不理解。难怪奥斯卡·王尔德[1]会说："每次人们赞同我，我就觉得自己一定是错了。"

柳比歇夫为之辩护的那些真理，今天还觉得标新立异，明天也许就尽人皆知了。科学的真理需要不断更新。对他而言，科学始于怀疑，终于确信。哲学同样如此。

他的生活绝非苦行僧式的。一切都与常人无异。他运动、游泳、散步，他梦想买一台新的打字机。日子过得普普通通，被称为"家"的地方，看上去毫不起眼。只有家里人记得，为了这朴素的生活，他放弃了多少在莫斯科、在列宁格勒定居的机会……

他知道，为了自由，为了保持自我，这一切都是不可避免的代价。他本人倒是没什么，只是苦了他最爱的家人。

代价还远不止这些。尽管他的时间统计法蕴藏着巨大的产能，他的实际产出却并不多，只有少数成果能够出版。每次他都不得不面临选择。要么，顺从学术杂志和编辑部的要

---

1 奥·王尔德（1854—1900），英国作家、诗人、散文家，唯美主义文学代表人物。

求，收敛锋芒，避免引发争议，触犯众怒，挑战主流观点。他尊重自己的论敌，他需要的是争论，而非争吵。这并不意味着迎合迁就。为了引发争论，他不得不采取策略。想要反对生物学界的主流观点，单枪匹马对抗公认的权威，他必须沉得住气，见机行事，该让步让步，该赞同赞同……这其实没什么丢脸的……要知道，他要做的可不只提出一个新公式，他还要驳斥、推翻，为此，他必须擅长说服他人。

要么，无所顾忌地发展自己的进化论观点，完全不去理会对手，只顾保持独立见解；专心武装自己的理论，而不去考虑胜利。这样的话，就严格遵循自己的时间统计法，按照既定计划，一项一项地去完成，写作时完全不必顾及任何人的情绪与自尊，不用理会某院士关于费舍尔是怎么说的，也不管某人是不是院长，拿了多少奖……

他选择了第二种。这并不是一个毫无争议的方案，也由此注定了他在出版方面遭遇诸多阻碍。有时甚至是长达数年的被迫沉默。

他逐渐被人遗忘。有人问：他在哪儿呢，还活着呢吗？"噢，就是那个曾经前途无量的柳比歇夫吗？""好像是在外省教书。"落魄的外省大学教授难道还少吗？他们都曾干出过成绩，但后来便卡壳了，沉寂了，偶尔在根本没人看的外省文集里发表一篇论文。毕竟，不是所有人都能出人头地……

别以为这对他毫无影响。沦落到外省，对科学家而言是不易察觉的危险。当代科学界更迭太快，昨天的明星，今天就再也想不起来了。科学不像文学，可以自顾自地写，不怕竞争，也不必急于发表。在科学里固然也可以这么做，但是太冒险了，因为一切都在迅速过时。如今已不再是17世纪，开普勒再也无法自我安慰说："我的书总会有人看的，至于现在还是将来，不都一样吗？说不定它要过数百年才能等来自己的读者，要知道，上帝不也足足等了6000年才有人理解他吗？"

将写好的东西塞进抽屉是很难受的。事实上，每次动笔时，他都会陷入痛苦的抉择。原本觉得决心已定，魔鬼却一次次地来诱惑他。精明的魔鬼也懂得因人而异，知道它在跟谁打交道。它使用的道具不是美色、美酒或者黄金，而是墨迹未干的校样沙沙作响，散发着油墨的香气，精装的书脊泛着光泽，烫金的字母拼出作者的姓名。书页对他曼声呼唤："来吧，你也可以……"柳比歇夫渴望出版，这绝非贪图名利，只是为了事业。

而每一次的出版都将巩固他的地位与威望，从而帮助他进入编委会、学术委员会，当选通讯院士，而这又能让他更轻易地发表论著，宣传自己的生物学思想，提携年轻的支持者。

够了，是时候了，隐忍得太久了……在当今这个时代，难道仍要在私人信件中宣扬科学真理吗？简直是中世纪思维！难道他真的指望后代来翻阅他的手稿，指望时间不会让他的著作贬值吗？

古人靠祈祷驱逐魔鬼。柳比歇夫靠的是时间统计法——他的十字架。时间统计法帮助他分辨出了未来的碎屑。柳比歇夫曾经发表在外省刊物的那些旧作，没有被埋没。它们被引用的次数越来越多。终于有一天，国外也转载了，于是索取拓本的请求源源而来，多得令他夸口。另一篇论文又是如此。这就是指标。

原来，这个骄傲的隐居者和利他主义者，也是有着常人的功名心的。他的功名心是开普勒式的建功立业，而非赫罗斯特拉特[1]式的沽名钓誉。顺带一提，在柳比歇夫看来，赫罗斯特拉特还远非沽名钓誉者的极致：

> 赫罗斯特拉特好歹为自己的"成功"（纵火烧神庙让他成了历史名人）付出了生命，很多比他有害得多的沽

---

1 赫罗斯特拉特是古希腊的一个年轻人，为了留名史册，于公元前356年纵火焚毁了世界七大奇迹之一的亚底米神庙，被判处死刑。他由此成为沽名钓誉的代名词。

名钓誉者，却将自己的成功建立在由尸体堆成的金字塔之上。

柳比歇夫从不期待别人的赞美，他知道如何公允地评价自我状态。时间统计法为他提供了客观公正的数据。他骄傲地记录下了1963年创造的年度最长工时纪录——2006小时30分钟！平均每天5小时29分钟！而在"二战"开始前，约为每天4小时40分钟。他深知这些数字的真正价值，他自己为自己设定定额，自己拿着秒表监督自己，自己奖赏或者惩罚自己。

……你是自己最高的裁判，

你对自己的作品比谁都严格，

你对它满意吗，严苛的艺术家？[1]

时间统计法是最为严苛的裁判，因为它的裁决建立在大量文件和事实的基础之上，每次都经过了细致的调查。

经过这样的裁决，某些坏事突然变成了好事，某些坏蛋和恶棍突然变成了善人。

---

1 引自普希金《致诗人》（1830）一诗。

"感谢英明的长官，"柳比歇夫不止一次地赞叹，"阻断了我飞黄腾达的道路！"

> 一切上意都来自主，
> 岂是凡夫所能评判？ [1]

嘲讽归嘲讽，但对于生活的安排，柳比歇夫的确从无任何怨言。他不仅善于利用时间的下脚料，还擅长利用命运的绊脚石。无论他被指派到哪儿，也无论他身在何处，他的生活总是充实而高度紧张的。外省吗？那更好，那里更安定，更健康，能有更多的时间工作、思考。他能够为任何局面找到有利因素。他从不认命，从不哀求——他的时间统计法是对提高主观能动性的号召。

有这样一些人，其立足之地，便是世界中心，便是地轴所在。他们所做的一切，都是最重要、最必需的。

每天足值工作5小时29分钟，天天如此，全年无休！这难道还不算是壮举吗？这可不是谁都能做到的！

这是什么？自我沉醉？个人主义？不，这是自我实现的

---

1 引自阿·康·托尔斯泰《致费·马·托尔斯泰》一诗。

幸福。而只有专注于自我并实现了自我的人，才会带来最大的益处。这需要对自己严格要求——对自己，而非对他人。在某种意义上，他写的那些似乎全是为自己写的，全是以自己为参照的。要知道，各式各样的作品大部分都是写给别人的。写作是为了教导别人，而非认识自我，点亮自我内心。我认识很多作家，他们从自己写的那些东西里，没有得出任何针对自己的结论，他们提出的那些要求，与他们自己没有任何关系。唯有当作品受到反驳时，他们才会奋起捍卫它。他们教训别人，要求别人思考，呼吁别人行善，却完全不去反思自己，自认为有资格超然物外。他们认为，只要自己的想法是有益的、正确的即可，不一定非要与自己的生活相匹配。是否匹配并不重要，也没有人会在乎，重要的是才华横溢。有无才华———一切都是绕着这个转的。至于才华横溢者本人信仰什么，其道德水平如何，是否践行他所呼吁的，这些都被视为次要的。

历来如此。

直至出现那样一个人，他对别人的要求与对自己的要求完全一致。这时就会立刻感受到完整性的优势。也正因如此，当我们在教导人们如何生活的科学家、哲学家、作家和思想家中间看到崇高道德的典范时，才会如此欣喜。在历代俄国知识分子中间，从来不乏此类典范：上文提到的弗拉基米尔·韦尔纳茨基、列夫·托尔斯泰、弗拉基米尔·柯罗连科[1]、尼古拉·瓦维洛夫、瓦西里·苏霍姆林斯基[2]、伊戈尔·塔姆……

我们之所以怀着特殊的情感阅读阿尔贝特·施韦泽的《文明与伦理》，正是因为施韦泽以其毕生功勋赢得了感召读者心灵的权利。

对于有才华的人，我们总是多有宽宥的。

柳比歇夫属于那种不愿以才华换取优待和宽容的人。他的日记和书信是一部精神修行的编年史，记录了他在漫长的半个多世纪对自我性格的塑造。

个人的修行被认为是没有必要的，甚至是令人愤恨的。人们原本心安理得地认为，作用于人的主要是环境和社会，塑造个体、监督个体、促使个体变好是社会的责任。

而柳比歇夫却自己要求自己，自己监督自己，自己向自己汇报。

向自己汇报？只是向自己汇报吗？我一遍又一遍地试图搞清楚其主导动机。他多半是感到了天赋生命的无价，不仅生命本身是唯一的、不可重复的，生命中的每一天同样是唯一

1　弗·柯罗连科（1853—1921），俄国作家、社会活动家。

2　瓦·苏霍姆林斯基（1918—1970），苏联教育革新家、儿童作家、苏联教育科学院通讯院士，创造了以儿童个性为最高价值及活动根基的教育体系。

的、不可重复的。

无论多么奇怪，但他的唯理论产生了热情，他的条理性让他每天都对生命的奇迹感到惊奇。他的时间统计法似乎在不断地更新着这一神奇感，避免他因习惯而麻木。

大部分人不会去尝试突破自己的可能性，他们终其一生从未试着搞清楚，自己能够做到什么，不能做到什么。他们不知道自己的极限在哪儿。在科学中，这种四平八稳是最可悲的。按照自我能力挑选任务的科学家，往往能够功成名就。他不会犯错。一旦着手某项工作，就会进行到底。他的论著无可挑剔，不会引起争议，总是富于成效。然而，在那一长串已出版的论著清单之外，便是他没写的论著、没做的工作、没犯过的错误、被规避的风险甚至耻辱，而在其中，或许就隐藏着真正伟大的发现。至少有一条是绝对的，那里隐藏着对自我的发现。活了一辈子而没能了解自我是可悲的，因为自己理应是你最亲近、最爱的人……

而柳比歇夫做到了。他不是以自己的力量去衡量任务，而是以任务去衡量自己的力量。他认为，恪守精神义务比维持心灵安稳更重要。

德谟克利特曾说：“决定道德品质的不是行为，而是意图。”以前我不理解这句话，也并不认同。

柳比歇夫有很多事没来得及做，没有产出成果，但对我而言，重要的是他的设想和意图，其灵魂的吸引力正来源于此。

他通过时间统计法研究自己，检验自己：自己究竟能写多少、读多少、听多少、干多少工作、思考多少？又该如何去做？他从不让自己超负荷运转，而是一直沿着能力的边缘前进，对自我能力的评估越来越精确。这是一条永无止境的自我认知之路。为了什么？为了自我完善？为了崇高的自我献身？为了充分地展示自我？

倘若每个人都能探明自己的能力极限，生活将会多么绚丽多姿！须知，每个人的潜能都远远超出了自己的设想：他满可以更勇敢、更强大、更富于忍耐力和适应力。在列宁格勒大围困时期的饥寒交迫的严冬，我们见惯了人类心灵的奇迹。是的，心灵的奇迹，在那些羸弱不堪、饱受折磨的肉体里，心灵的强大与坚忍令人震撼。医学理论甚至无从设想，人的机体竟然这么能扛。人体和钢铁、导线、混凝土一样，原本是有其负荷极限的。可人们突然发现，人体的极限是可以突破的，人可以不依靠身体的力量存活。身体的力量已经耗尽了，可人们仍有力量支撑下去，这是医学未曾预料的力量——对祖国的热爱，对敌人的仇恨与愤怒。围困期间最震撼人心的不是死亡——死亡本是意料之中的——而是生命力：我们清理被积雪埋没的战壕，运送炮弹，战斗。

　　战时的英雄主义固然是特例，可日常生活中同样不乏灵魂震荡的时刻，人的自我得到了充分而彻底的实现。也不知道从哪儿涌现出了力量，头脑敏锐至极，想象力喷薄而出……对于这种无上幸福的状态，作家称之为灵感，运动员称之为爆发，科学家称之为顿悟。这种状态我们每个人都曾体会过，只是频率多少而已。关键是，在这种情况下，人完全可以超越自我，突破平常的能力和极限。既然这可以出现一次，为何不尝试着让它出现第二次，乃至于每天都出现呢？

第十六章

是时候想一想心灵了

　　但是，人生最美好的装饰品是友谊。我以"但是"作为开头，其实是在心里和某些人争论，他们大概认为柳比歇夫是个枯燥无味的、分秒必争的、毫无感情的、完全受时间统计法控制的机器人。我不希望有人产生这种印象。我打心眼里希望，发表此类议论的是那些不会支配生命的人，他们稀里糊涂、徒劳无益地挥霍了自己的生命，却又想寻找托词，为自己辩护。

　　所以我才想要讲述柳比歇夫与很多人的深厚情谊。不妨就以前文提到的斯韦特洛夫为例，他是位杰出的遗传学家，与柳比歇夫可以说是"同等口径"的。我想，再没有什么能比二人的通信更能揭示他们的友谊的了：他们之间的通信持续了三十多年，这两位惺惺相惜的科学家之间的对话，本身就是出色的文学作品。二人对于存在的根本问题看法迥异，却因此更加珍视彼此。

1960 年 4 月 1 日，斯韦特洛夫致柳比歇夫：

亲爱的亚历山大·亚历山德罗维奇：

据我所知，今年你就 70 岁了。这个意义非凡的重要日子值得特别庆祝。请允许我由衷地祝福你，隔空拥抱你，祝你以健康的体魄迎接即将到来的、至关重要的生活阶段：是时候做出总结，在最高水平上完成最终的整合了。半个多世纪的辛勤耕耘，终于到了收获的时节！需要检查你的"库房"，将所有的存货整理妥当。这项工程极为浩大，毕竟你的库房规模和存货数量都在那儿摆着呢。

你和弗拉基米尔·尼古拉耶维奇·别克列米舍夫，是我有幸结识的所有人当中最杰出的人。此外还有两位，一个你不认识，他是弗拉基米尔·尼古拉耶维奇·基里林，一位诗人、我的中学同学，1914 年在战场上牺牲，年仅 25 岁；另一个姓季亚科诺夫，一个拥有罕见和多面才华的人，1923 年去世了。你和弗拉基米尔·尼古拉耶维奇则陪我度过了大部分人生，与你们的交往极大地丰富了我的生活，我简直找不到适合的言语来表达我对你们这两位令我自豪的老友的爱与感激。此时此刻，为了庆祝你70岁的生日，我忍不住想要追想一下当年，聊一聊往事。

咱俩是在彼尔姆认识的，好像是 1921 年（还是 1920年？）。你当时也就 30 岁出头。我只比你小两岁半，但跟你比起来，我感觉自己就是个愣头青，我把你当成"老大哥"，把自己当成"小老弟"（对此也的确有充分的理由）。知道吗，我至今仍把你当成老大哥看待，尽管如今咱俩之间的年龄差距几乎已经可以忽略不计了。认识你对我而言是件大事，对我后续的发展产生了深远影响。到了 30 岁的年纪还在谈"发展"，似乎有些可笑——正如但丁在《神曲》里所说，这个年纪已经 "nel mezzo del cammin di nostra vita...[1]"，但对我来说却恰如其分，因为我个人的发展极其缓慢，我感觉自己到现在都还没有发展开，尽管论年纪差不多都快要"往回抽抽"了……

当时我一直在听你说话，耳朵都支棱起来了。特别令我受益匪浅的，是你提倡将场域和形式作为独立问题，以

---

1 意大利文，意为"人生走到中途……"。

及你对审美的自然体系的独到见解、数学在生物学中的运用，等等。澎湃的激情让你的讲话更富于感染力，感觉就像是一场绚烂的烟花。如果借用古代的四元素理论，可以说，你的个性的主导元素是火，而其余三种元素都被缩减到了最低限度。这把火不仅暖热了我的心，而且烧透了我的整个脏腑，我整个人很快就被完全熔化了，说白了，你已经成了令我如此亲近之人，亲近到我都不好意思再对你唱颂歌了，因为我几乎把你当成了我自己的一部分。

我从你这里收获了很多，我想，我还有理由对你期待更多，尤其是你的科学成果。这不仅是我，也是很多人的共同期待。你在我国的科学界占据着极其特殊的地位。你虽然没有官职，没有勋章，没有头衔，但你的地位举足轻重，你为分类学开辟了新方向，你是在生物学中运用数学方法的专家和倡导者，是反对形式主义哲学的领袖，更不用说你在昆虫学界的威望，尤其是在防治虫害等专业问题上。

现如今，我们即将迈入新的生命阶段，希望我们的亲近关系不会减弱。它甚至可能得到增强，因为我仍希望对诸多普遍问题发表某些见解，而我恰恰指望由你来评判它们。这件事我一直在推迟，但眼下是时候了，没法再推迟了。你曾不止一次建议我"是时候想一想心灵了"。这是个明智的建议，真正应该被奉为指南，而且我认为，这话至少包含三层意思。首先，必须摆脱生活的"琐碎"，对目前的我而言，就是职务和实验工作。实验尽管很有吸引力，却会限制视野，让人变得愚钝。就像谁说的（好像是别尔嘉耶夫[1]），当今时代是强大精神力量衰退的时代，当代科学虽然光辉夺目，并且沿着正确和必要的轨道前进，却遮蔽了现实的其余方面（当然丝毫没有推翻它们）。是时候停下脚步，对车间里的存货进行盘点了，此其一。其二，需要尽可能地对智力领域的一切加以总结，"形成闭环"，就像皮埃尔·别祖霍夫[2]在博罗季诺战场上梦见的那样。

但最重要的是，这一建议还有一个最直接而朴素的字面含意——"想一想心灵"，就像我们的母亲和祖母们，乃至所有伟大的人类精神之父所理解的那样。

---

1 尼·亚·别尔嘉耶夫（1874—1948），俄国及苏联宗教哲学家、政治哲学家、社会学家，在其名著《新的中世纪》（1924）中指出，20世纪的西方文明在很多重要方面退回到了中世纪。

2 皮埃尔·别祖霍夫是列夫·托尔斯泰名著《战争与和平》中的主人公。

越是临近大限，个体永生这个一切伟大问题中最伟大的问题就越能引起人的主观兴趣。我不知道你对此持何种看法，但我认为，柏拉图主义者是不会否认这一点的。就我而言，我以预感的心灵深知，这一约言并非虚妄。而这一约言的实质内容，在我们共同景仰的一位诗人笔下得到了反映：

很快，我们所有人
便会融入同一种爱里。
那同一种爱浩瀚如大海，
陆地的海岸容纳不下……

当然，约言归约言，但"最后一趟列车"终归是可怕的。我想，最主要的原因在于未知……

柳比歇夫复信斯韦特洛夫：

帕维尔·格里戈里耶维奇，我亲爱的朋友：

在我 70 岁生日当天收到的所有信件和祝福当中，你的信是最长、最充实的。不过，虽然你的信令我无比开心，但我仍不能说那是最令我开心的。最令我开心而惊喜的是由帕夫洛夫斯基[1]签署的一封电报长信，祝贺我当选了昆虫学学会的荣誉会员。问题当然不在于头衔，而在于帕夫洛夫斯基本人的签名。这封信的内容很温暖，里面提及了我在科研方面的社会贡献（谁都知道这意味着什么），尤其是我在生物学数学化方面的工作……

你说虽然我俩年龄相差不大（两岁半），但你至今仍把我当成老大哥看待，我也可以对你说，我一直把弗拉基米尔·尼古拉耶维奇·别克列米舍夫当成老大哥看待，尽管他比我还小半年。我真正结识他是在1911年的摩尔曼斯克，当时他的发展程度明显要高过我，而且大概也高过所有同龄人。不用说，我从他那儿学到了很多，我和他之间的差别或许就在于：我从青年时代便为自己设定了超出我智力能量的任务，弗拉基米尔·尼古拉耶维奇则至今仍未完全发挥自己的智力能量。所以，尽管他已经为生物学贡献了很多，但他应该还能贡献更多。早在彼尔姆时我就得出了这一结论。弗拉基米尔·尼古拉耶维

---

1 叶·尼·帕夫洛夫斯基（1884—1965），苏联动物学家、昆虫学家，苏联科学院院士、苏联科学院动物学研究所所长、全苏昆虫学学会会长、全苏地理学会会长，全苏最高苏维埃代表。

奇在思考普通分类学问题上对我帮助甚多，比如，关联分类法与联合分类法的区别，我就是在他的帮助下才梳理清楚的。弗拉基米尔·尼古拉耶维奇开了一门分类法理论课（我不记得之前听过类似课程），我是他最忠实的听众之一，还写信评论了他的讲义。令我惊讶的是，他的分类法理论课仅仅局限于普通的层次分类法，而完全没有涉及他所熟知的其他分类法。我问他为什么，他说他认为必须限定自己的任务，因为如果他能够"证实父辈的信念，将其提升至理性理解的高度"（这话好像是索洛维约夫[1]说的，准确性我不敢保证），那他就"心满意足"（弗拉基米尔·尼古拉耶维奇的原话）了。也许是我错了，试图捕获一只太大的猎物，并为此在各个方向上分散了精力。这个问题只有临终之际才能回答，而眼下我还想再多活几年呢。但至少人们不会怪我没尽全力。我在大学里的收获看来是比你多。在动摇业已确立的观念方面，当时的几位编外副教授起到了很大的作用，包括阿韦林采夫、佩达申科、康·尼·达维多夫、叶·帕·朔尔茨，等到大学毕业时，我已经积累了大量的独立观点，

---

1 弗·谢·索洛维约夫（1853—1900），俄国宗教哲学家、诗人、政论作家，现代意义上俄罗斯哲学及东正教神学的奠基人。

这在很大程度上也是阅读的结果（包括德弗里斯[1]、施泰曼[2]等）。毕业之后不久，我就结识了亚·加·古尔维奇，他给予我的比任何人都多。所以说，我的发展在很大程度上是结识众多良师益友的结果。我自己发展得也很慢，至今似乎仍在"生长"，尽管我已经走过了不止"人生的半途"，而已经走完了人生的全程（但丁那个年代，以及《圣经》里都把70岁看作人的一般寿数）……

1969年8月15日，柳比歇夫致斯韦特洛夫：

……你羡慕我"怪物般的工作力"是完全没道理的。我在列宁格勒时，工作力就低得多。大城市，特别是莫斯科，自有其特殊使命：为了向人们揭示，永恒的痛苦与神的仁慈是完全兼容的。痛苦与仁慈并不发生矛盾，假如这痛苦是自愿选择的；莫斯科人紧紧地抓着自己的地狱不放，列宁格勒人也是一样。

我目前的工作力的秘诀在于：（1）我不承担硬性任

1　雨果·德弗里斯（1848—1935），荷兰植物学家、遗传学家，通过批判性研究，提出遗传特性由细胞核的成分"泛生子"决定。

2　斯·伊·施泰曼（1887—1965），苏联畜牧学家、育种家。

务，因为这对精神系统伤害极大；(2)我不承担紧急任务，一觉得累立刻停止工作，要么休息，要么转换到不累的事情；(3)睡得很多，夜里8小时，午饭后2小时，总共不少于10小时，而且有规律地散步；(4)坚持时间统计，这你是知道的，已经五十多年了，所以我不会放纵散漫；(5)将累人的工作与轻松的工作穿插进行，这样，神经系统的某一部分就不会全天劳作。

可要是承担了国家公职或者在大城市生活，想要遵守这些原则就很难了。那些在不利的条件下也能工作的人，才是真正富于工作力的人……

1970年5月23日，柳比歇夫致斯韦特洛夫：

亲爱的朋友，帕维尔·格里戈里耶维奇：

……我这一生完全不能说是与世隔绝、不被理解的。来自内行的朋友们的同情伴随了我的一生，尤其令人高兴的是，同情者和关注者的数量正与日俱增，而我足以确信，在我死后，我的著作不会丧失价值，哪怕它们在我生前无法出版。这是极大的慰藉，再考虑到我所经历的悲剧性时代，我这辈子已足够幸福了。唯一一件大不幸，就是我心爱的儿子弗谢沃洛德的死。我对幸福生活欠下的债，我的儿子用他的生命做了抵偿……而我的暮年也的确极其罕见：我在主要工作上的产出率远远超出年轻时期，这在很大程度上是因为对于感兴趣的书籍，我从不吝惜时间去消化，如今，兴趣分散（这一点在很多人看来是不明智的）结出的果实终于到了收获的季节。我的朋友的数量也在不断增多，包括青年人，这尤其令我开心。老年也是有很多快乐的。你说我是童话般的科学成就的创造者之一，我不这样认为。但我希望，有朝一日（或许是在我死后），生物学能够在全新的、非生物化学的基础上，取得真正意义上的童话般的成就，而我的名字也不会被人遗忘。

柳比歇夫与斯韦特洛夫如此迥异，却又如此亲密，他们在人生其他阶段的通信同样值得抄录，两人的睿智思想、惺惺相惜、智慧的碰撞一定能为读者带来享受……但我不得不约束自己。本书的宗旨并非介绍柳比歇夫的科学及哲学观点，论述其著作及成就，甚至不是讲述其生平。本书绝非传记小说，因此，对传主生平介绍得不够详细也是情有可原的。唯一值得诟病的，或许是我情不自禁的抒情插笔。当然，我还忍不住聊到了围绕在柳比歇夫周围的友谊与敬爱，试图理解这些情感的实质。特别是现在，在他离开很多年之后。"是时候想一想心灵了。"我们随着斯韦特洛夫重复道。柳比歇夫心灵的魅力究竟何在？隔着时空的距离，它会是什么模样？它给人们留下了何种记忆？对此，不同人有不同的答案：科学研究的独立精神，极限的真诚与慷慨，对持异见者的尊重。

最后一点最能说明问题。柳比歇夫热爱争论，但从不会利用论敌的弱点。他需要强大的对手，不是为了战而胜之，而是为了从两方面巩固真理。

最后一章

感伤与自白

超越自我……

从柳比歇夫的一生来看，不仅是危急关头，人随时随地都能超越自我。

对于人的潜能，研究得还很不够。

我还是第一次思考这些问题，审视自己的生活。我试着以"作者"这一第三人称来指涉自己，这样似乎能轻松些。

作者相信，未来的人们将会感到不解，20世纪末的人们为何如此不擅长生活，这么不会使用自己的机体，甚至还比不上古人。

研读柳比歇夫的文献资料时，作者不由自主地自我回顾，这才发现，他几乎在以低于自己一倍的效率生活。这很令人沮丧。何况作者对自己的工作力向来是很满意的。

别的且不说，至少在保持忙碌这一点上，作者这代人，连同后面的几代人都没有放过自己。白天在工厂上班，晚上上夜校，函授生、夜校生、走读生；每个人似乎都过得很勤勉、很充实。

但只要作者不掺杂任何情绪地对比一下事实，便能立刻发现，在同样的 50 年里，柳比歇夫比作者多读了多少书，多去了多少趟剧院，多听了多少音乐，多写了多少东西，多干了多少工作。而且关键是，对于经历的一切，柳比歇夫的理解和反思要比作者深刻得多。

就此意义而言，柳比歇夫完全践行了加缪的那句话："活着，就要弄清楚。"

看过柳比歇夫的书信和札记之后，作者才发觉自己的思考何等贫乏而懒惰。他这才明白，勤勤恳恳、热火朝天地工作并不等于善于工作。或许，一个好的方法比激情更重要。

不过，说不定作者在其他什么方面占了优势呢？没准儿他比柳比歇夫多找了一些乐子，多发展了一些爱好，多接触了大自然呢？

并没有！很容易证明，柳比歇夫对生活的享受要比作者多得多。他比作者睡得多，而且从不熬夜，运动得也多，就连亲近大自然都比作者多。总之，作者想不出任何"然而"作为托词。

最后，作者试图将原因归结为柳比歇夫的卓越才能。可是，人的时间并不会因才华而增加……这与才能无关。想必是时间统计法起了作用。

不起眼的时间统计法变成了生活的准绳。得益于这一方法，柳比歇夫的时间几乎比常人多出了一倍。这些时间是从哪儿来的？这才是奥秘所在。

作者不由得开始思索自己与时间的关系。他的时间都去哪儿了？消失了，不知去向了，作者的生命仿佛小于自己的年龄。有能量守恒定律，有质量守恒定律，为什么没有时间守恒定律？为什么时间会不留痕迹地从人的生命中消失？

思考着大自然的这一疏漏，作者感觉，消失的时间一定在某个地方继续存在着——作为对我们的指责，作为我们的罪过存在着。

柳比歇夫的完美令人隐隐刺痛。真是奇怪，在生活中那么好、交往起来那么有魅力的一个人，描述出来却并不讨喜。他的一生简直是位严守训诫的圣徒。一定是作者有所疏漏，要么就是有所隐瞒，或者过甚其词。

一位记者对作者说："这是不可能的。看上去，您的主人公是个只有一种，然而是一种炽热激情的人。如此说来，那他就是不和谐的。"这也正是悖论所在：我们都希望人能够全面和谐地发展，但我们都很清楚，历史母亲恰恰看重只有一种激情的人。

那位记者相信，"只有一种炽热激情"会阻碍和谐发展。激情阻碍人的全面发展——这倒是个方便的处世哲学。最好没有激情，这样稳妥得多。什么都来上一点儿。似乎一切为人称道的志趣相叠加就构成了和谐，似乎存在没有激情而真正和谐的人。

或许有人巴不得这样，但作者却不由得想到那些伟大的作家、科学家、画家——他们无不既有广博的素养，又有炽烈到可怕的激情。

但他们的激情并非狂热，而是忘我的投入，舍此，创作的灵魂便无从生存。

在柳比歇夫身上，既有全面性，又有赤诚而专一的激情。二者间的不协调并未阻碍他的和谐发展，反而促使他抛弃了青年时代立下的禁欲主义誓言。

但这并没有为作者阐明时间的问题。

柳比歇夫的时间统计法可以节省固有的时间，却无法增加时间的总量。事实上，问题并不在于时间的"量"，而在于

"质"。柳比歇夫的时间似乎得到了升华。可以认为，他与时间建立了某种私人关系。

时间的古怪早就引起了作者的兴趣。比如，作者发现，小孩子对时间的感知力很弱，随着年龄的增长，时间感变得越发敏锐，等到老年，时间剩得越少，它的脚步声就越清晰。

作者回想起来，有一次他坐飞机去大洋彼岸的美国，邻座的妇女织起了毛衣。织针在她手中轻轻作响，一个线圈套着一个线圈……作者当下愣住了。在飞越大洲的时间内部，淙淙流淌着古老不变的祖母时间：炉台上，一群鸡雏慵懒地叽叽喳喳，圣像前点着一盏小油灯，屋内弥漫着面包的香气，恍惚间，一切又回到了儿时的科什基诺村庄。而在波音飞机的机翼之下，亚速尔群岛正疾掠而过……作者还想到了战争，坦克的三合安全玻璃，瞄准具上的十字线，以及突然和心脏一同停止的时间：射击声沉寂了，发动机的轰鸣中断了，在炽烈的停顿中，只有瞄准具的十字线在颤抖，德军的自行火炮在推进……

总之，时间忽快忽慢，忽而又停滞不动。有时，时间快得令人心焦，"啊"的一声惊呼，连头也不顾上回，一天就这么过去了，你又一次站在了镜子前，刮着胡子；而有时，时间又磨磨蹭蹭，磨得人肉疼，时间像是忽然拉长了，一分钟被扯成了一条没完没了的细线。这取决于什么？时间的饱和度吗？

人在什么时候察觉不到时间？事情多得忙不过来的时候，还是闲着没事的时候？但是，满满当当的工作日既可能倏忽而过，又可能慢得令人心慌……不，个中情形不一而足，似乎并不清楚时间的速度取决于什么，它被什么催赶，又被什么减缓……

大部分人都会与时间建立这样或那样的关系，但柳比歇夫与时间的关系尤为与众不同。他的时间并非获得成就的时间。他没有赶超别人、争当第一、获取荣誉的想法，他热爱时间，珍重时间，从不把时间当成工具，而是把时间当成创造的条件。

柳比歇夫对待时间虔敬而关切，在他看来，时间对于人们如何使用它并不是毫不在意的。时间不是物理概念，不是时针的旋转，而更像是道德概念。在他看来，浪费时间就等于剥夺了科学研究的时间，或者滥用、窃取了那些他为之服务的人的时间。他坚信，时间是最大的财富，绝不能胡乱花在与人怄气，跟人较劲，满足自我虚荣心上。如何对待时间，这是个道德问题。

对于构成自我生命的时间，人有权用在什么地方，无权用在什么地方——在时间使用方面，柳比歇夫为自己制定了道德禁令，划定了道德界线。

讲求实际和纪律的人反复重申，他们是时间的主人。

如今，愈演愈烈的时间崇拜成了务实作风和善于生活的标志。钟表的指针挥舞着鞭子，驱赶着人们拼命向前飞奔。人必须掌握一切动态，符合当下水准。人对时间奉若上古神明，以自由作为献祭。被支配的不是时间，而是人。时间在发号施令。人变成了时间的猎犬，争先恐后地追逐猎物。时间之神严苛地考核人的绩效：发了多少文章，通过了哪些答辩，获得了什么头衔，工作有何进展，去了哪些地方……

而柳比歇夫既不依附时间，也不惧怕时间。当作者沉浸于柳比歇夫的时间观时，他感受到一种被解放的幸福。柳比歇夫的时间浸透着光明与安宁，每一天，自始至终都在吸收着最重要、最本质的东西，一如绿叶吸收阳光。

考察柳比歇夫的时间统计法时，作者仿佛在拿着放大镜观察时间。一分钟越走越近，时间的流动并非一成不变、对一切漠不关心，它回应着人们的在意，逐渐拉长，显露出凝块和空泡，时间的内在结构似乎意味着什么，作者眼前似乎出现了流动的思想，时间变得可思可感了……

对于宇宙时间或者世界时间，作者不敢妄言。但对于人类时间，作者坚信，人们可以学会感知它，聆听它那淙淙的流动。

时间首尾相连，构成圆环，过去追上了现在，宛如置身于爱丽丝的梦境。作者眼前掠过逝去的时间，被虚度的、充满力量与希望的青春年华，变成了空洞而干枯的时间残骸。

可惜，纪实文学不允许作者插入形形色色的想象画面，否则作者想要描述我们内部的大量时间，描述被柳比歇夫发现的时间矿藏，那是蕴藏在人类存在深处的尚待挖掘的时间宝藏。

早在古希腊时期，时间就被喻为水流，而柳比歇夫正如水电站的水力机组。涡轮在水底旋转，竭力用桨叶阻断势不可当的水流。在此方面——也仅仅在此方面——柳比歇夫的确具有机械性。

每个人都可以被视为时间的消费者。人们将时间加工成各种思想、情感和作品。尽管被加工的只是一小部分，其余的全部流失了，但人们仍习惯性地认为，时间不够用，时间太少了。

而柳比歇夫的时间永远足够。时间从来不短，再少的时间也足够做些什么。这便是柳比歇夫的时间的独特性。这一态度同样适用于其他一切生活福祉：无论是在条件优渥的青壮年，还是在领取微薄退休金的老年，柳比歇夫都从不嫌少，他只要必需之物。必需之物从来足够，因而从不嫌少。必需之物好就好在不会给人造成负累，不会显得多余，不会令人厌倦，就像水、面包、阳光和一张桌子。

除了工作，除了现在，柳比歇夫还敬重并热爱过往。他敏锐地感受到过往与现在的关联性，正如契诃夫在短篇小说《大学生》中的精辟比喻——隐形的链条[1]。在每一个学术问题中，最令柳比歇夫关切乃至激动的，是思想的谱系和演变。他反复思索、重新评估自己所经历的一切，有时甚至会被过往迷住。过往为何对柳比歇夫有这么大的吸引力？作者不知道。所以他才援引了契诃夫的杰作。小说里同样没有给出任何解释，但一切都是不言自明的。

利用主要工作的间隙，柳比歇夫写下了大量详尽的回忆录，追忆自己的老师，学校，父母，亚·古尔维奇、康·达维多夫、维·伊萨耶夫[2]……对于被人们以未来之名轻易遗忘的过往，柳比歇夫始终心存感激。

柳比歇夫的时间令作者不由得为之激赏，心生艳羡。它如水晶般晶莹剔透，匀称和谐，令人惊讶。数十年光景一眼即

1　小说讲述一位大学生由受难节的见闻联想到耶稣受难的经历，由此引发了对过去与现在的思考："过去和现在被一根无尽的链条连在一起，链环是一个个彼此关联的事件。他感觉自己方才看到了这根链条的两端，他触动一端，另一端也会随之晃动。"

2　维·米·伊萨耶夫（1888—1924），俄国动物学家、遗传学家，曾与柳比歇夫一同求学于圣彼得堡皇家大学（现圣彼得堡国立大学）。

可看透，没有任何迷雾或者禁区。在当今时代能够活得如此坦白，实属罕见至极。

作者坚信，理性面对时间的问题正日益迫切。这不只是如何节约时间的技术性问题，而且能够帮助人们理解自我行为的意义。时间是人类的共同财富，一如矿藏、森林、湖泊。人类既有可能会合理利用它，也有可能会毁掉它。总有一天，小学里将会开设一门时间课程，教会孩子们像热爱大自然一样热爱时间，教会他们如何珍惜时间，寻找时间，开采时间。

最重要的则是学会统计时间，对时间的利用情况加以总结。而柳比歇夫自然是理想的范例。

不，作者并没有被自己的主人公迷住。作者深知他的诸多弱点和偏见，恼怒于他对人文学者和美学研究者的不屑与傲慢，他对普希金和陀思妥耶夫斯基的意见更令作者无法忍受。总之，一言难尽。不过，对于任何一个哪怕最最伟大的人，都不该拿着放大镜去看，去审视其一切品位与习性。无论是谁，只要跟柳比歇夫接触过一次，一定会想要再去了解他。这不仅是作者本人的亲身体会，也是很多人的共同感受，而这样的人至今仍在增多。

作者一方面感到悲哀，因为自己已不再年轻，无法借鉴柳比歇夫的经验了。甚至不值得去思量，有多少大好年华被平白无故地荒废了。但另一方面，既然任何一段时间都不算短，那就是说，任何时候与时间重建关系都不算晚。无论人生还剩下多少，无论什么年纪产生这一想法，都不算晚！甚至，时间剩得越少，就越应当审慎地支配它。

眼下，必要的结论似乎已呼之欲出，但不知为何，作者仍心有不甘。他似乎又在不合时宜地追问：可以将他的主人公视为真正的英雄，将其一生视为英雄主义的、值得效仿的一生吗？一切是否真的如此？

英雄主义是照亮世人的强烈光芒，需要为之付出极其伟大的力量。只有远远超出寻常义务的壮举才能成就英雄。为了完成功勋，英雄不惜牺牲一切，甚至为真理、为他人、为祖国献出生命。而柳比歇夫并没有这样的壮举。

他有的不是爆发，而是坚持。从不放松的自我监督。日复一日，不断给自己加码，从不姑息纵容自己。可要知道，这也是功勋啊，而且是极大的功勋！功勋就在于数十年如一日的努力。他背负着自己的十字架，须臾不肯放下，却并不指望名誉或者光环。他对自己提出要求，而对自己提出的要求越多，就越清楚自己的不足。这种日常而恒久的功勋恰恰是最艰难的，需要持续不断地自我监督、自我检查。或许有人仍会怀疑，"功勋"二字是否妥当。毕竟柳比歇夫从自己的时间统计中获得了愉悦，既然如此，哪还谈得上功勋呢？

　　总能找到这种爱怀疑的人。这种人永远不会绝迹，哪怕并没有任何适合他们繁衍的条件。但这个问题把作者也给难住了，作者自己也开始动摇了。他想，既然这个十字架丝毫没有令他不堪重负，反而令他感到满足，就算给他蜜糕他都不肯丢下，那这还算哪门子十字架呢？而他又为自己的时间统计法牺牲了什么呢？什么也没有。他并没有为此遭过罪、冒过险。如此说来，赞叹他的坚持、勤勉、意志（无论它们多么富于成效），岂非和赞叹小孩子食欲旺盛一样没有道理吗？

　　由此不难得出结论：倘若某人的所作所为令他本人感到幸福，那就毫无功勋可言。既然没有功勋，也就无从呼吁、号召。至于科学，与其说是柳比歇夫为科学服务，毋宁说是科学为他服务。

　　后来作者才发现，柳比歇夫本人也正是这么看的，于是不免更为惊讶。在日复一日的克制中感受幸福——这需要何等健全的心理！我们只是从远处观察这一永不休止的攀登，就已经对人类精神的可能性由衷地赞叹、羡慕和崇敬了。

　　柳比歇夫也许没有功勋，却有着比功勋更可贵的——度过很好的一生。这一生的奇特之处就在于，外人眼中的奇特之处，在柳比歇夫看来恰恰是自然而然的。这是一个谜，一个秘密。或许，这正是理性的自然生活？这种自然性或许恰恰是最难达成的——抓紧每一秒钟去生活，让每一秒钟拥有意义。柳比歇夫从科学中收获的，比他给予科学的要多，这一点对他而言是自然的，而在我们看来同样是奇特的，因为看上去，他已经将可能的一切都献给了科学。

柳比歇夫的一生中，蕴藏着大量诸如此类的秘密和奇特之处，老实说，作者并非总能够评价和理解它们，无法从中提炼概括出某些公式。尽管本书即将画上句点，但作者仍旧无法给出最终的见解，为读者提出建议。作者宁愿读者不会需要它们。至于作者本人，他仍旧思绪万千，对自己的主人公深怀感激，因为他让作者对自己的生活产生了怀疑。

- 全文完 -

奇特的一生

作者 _ [俄]达尼伊尔·格拉宁   译者 _ 李春雨

产品经理 _ 白东旭   装帧设计 _ 林林   产品总监 _ 黄圆苑

技术编辑 _ 陈皮   责任印制 _ 梁拥军   出品人 _ 李静

果麦

www.guomai.cn

以 微 小 的 力 量 推 动 文 明

图书在版编目（CIP）数据

奇特的一生 /（俄罗斯）达尼伊尔·格拉宁著；李
春雨译. -- 成都：四川文艺出版社, 2023.11
ISBN 978-7-5411-6791-1

Ⅰ.①奇… Ⅱ.①达… ②李… Ⅲ.①柳比歇夫（
Lyubishchev, Alexander Alexandrovich 1890-1972)一生
平事迹 Ⅳ.① K835.126.1

中国国家版本馆 CIP 数据核字 (2023) 第 211264 号

著作权合同登记号 图进字：21-23-247 号

QITE DE YISHENG

奇特的一生

[俄] 达尼伊尔·格拉宁 著 李春雨 译

出 品 人　谭清洁
责任编辑　王思鈜
责任校对　段　敏
产品经理　白东旭
装帧设计　林　林
出版发行　四川文艺出版社（成都市锦江区三色路 238 号）
网　　址　www.scwys.com
电　　话　021-64386496（发行部）　028-86361781（编辑部）
印　　刷　河北鹏润印刷有限公司
成品尺寸　140mm×200mm
开　　本　32 开
印　　张　6.25
字　　数　108 千
版　　次　2023 年 11 月第一版
印　　次　2023 年 11 月第一次印刷
印　　数　1—7,000
书　　号　ISBN 978-7-5411-6791-1
定　　价　39.80 元